国家“十三五”重点图书出版规划　广东省原创精品出版项目

中国房地产与宏观经济研究丛书

房地产与中国宏观经济：历史与未来

吕风勇　著

China's Real Estate and Macroeconomic Studies Series

SPM
南方出版传媒
广东经济出版社
—广州—

图书在版编目（CIP）数据

房地产与中国宏观经济：历史与未来 / 吕风勇著. —广州：广东经济出版社，2019. 4
ISBN 978 - 7 - 5454 - 6637 - 9

Ⅰ. ①房…　Ⅱ. ①吕…　Ⅲ. ①房地产业 - 关系 - 宏观经济 - 经济发展 - 研究 - 中国　Ⅳ. ①F299. 233　②F123. 16

中国版本图书馆 CIP 数据核字（2019）第 065881 号

出 版 人：李　鹏
责任编辑：黄　炘
责任技编：许伟斌
封面设计：朱晓艳

《房地产与中国宏观经济：历史与未来》
Fangdichan yu Zhongguo Hongguan Jingji：Lishi yu Weilai
吕风勇　著

出版发行	广东经济出版社（广州市环市东路水荫路 11 号 11 ~ 12 楼）
经销	全国新华书店
印刷	佛山市迎高彩印有限公司 （佛山市顺德区陈村镇广隆工业区兴业七路 9 号）
开本	787 毫米 × 1092 毫米　1/16
印张	14. 5
字数	183 770 字
版次	2019 年 4 月第 1 版
印次	2019 年 4 月第 1 次
书号	ISBN 978 - 7 - 5454 - 6637 - 9
定价	58. 80 元

如发现印装质量问题，影响阅读，请与承印厂联系调换。
发行部地址：广州市环市东路水荫路 11 号 11 楼
电话：（020）38306055　37601950　邮政编码：510075
邮购地址：广州市环市东路水荫路 11 号 11 楼
电话：（020）37601980　营销网址：**http://www.gebook.com**
广东经济出版社新浪官方微博：**http://e.weibo.com/gebook**
广东经济出版社常年法律顾问：胡志海律师

目　录

第一章　中国房地产与宏观经济关系：逻辑与结构

一、中国房地产的发展现状

房地产业是国民经济发展的重要基础产业，特别是对于一个处于城镇化中的经济体而言，房地产业不仅担负着为城镇化新增人口提供住房的重责，同时也发挥着为整个城市提供商业和办公设施的作用。自改革开放后，中国房地产业获得了飞速的发展，1998 年开启的市场化取向的住房体制改革，更是为房地产业插上了腾飞的翅膀，而房地产价格的大幅上涨，则最终刺激房地产业演绎出了一场令人目眩神晕、狂飙突进的戏码。

图 1－1 描述了 1992—2016 年全国房屋竣工面积的增长状况。图 1－1 显示，全国房屋竣工面积增速变化较大，1992—1995 年每年增速都维持在 20% 以上，1999—2003 年平均每年增速也维持在 20% 以上，此后尽管增速有所降低，但是 2003—2016 年这 13 年间也只有 3 个年份出现了小幅度的负增长，其余年份都维持了正增长，部分年份增速还超过了 10% 。大多数年份的正增长，特别是前期较多年份较大幅度的增长奠定的高基数，使全国房屋竣工面积绝对值迅速攀升，2016 年这一

数值已是1992年的15.2倍，达到10.6亿平方米。图1－2就显示了1992—2016年全国房屋竣工面积的绝对值情况。

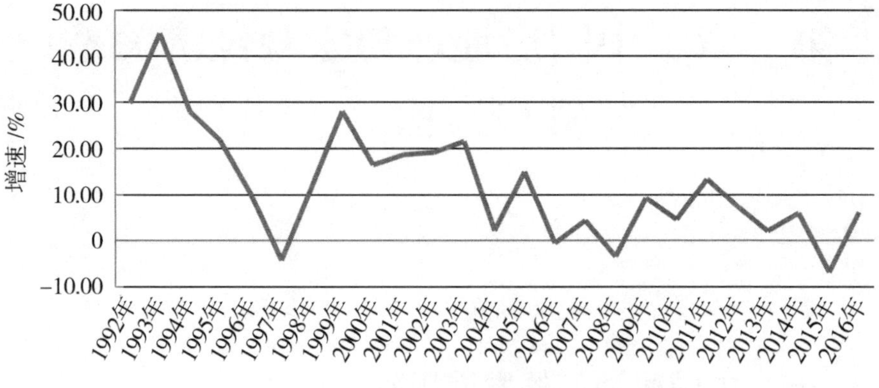

图1－1　1992—2016年全国房屋竣工面积增速

数据来源：Wind资讯。

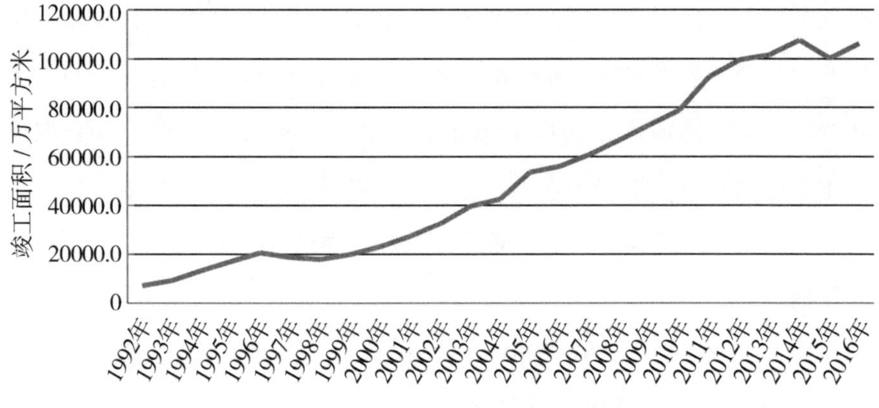

图1－2　1992—2016年全国房屋竣工面积的绝对值

数据来源：Wind资讯。

与全国房屋竣工面积增长相对应，并受到土地等投入品价格迅速攀升的影响，全国房地产开发投资以更大的幅度增长。图1－3和图1－4分别描述了1999—2016年全国房地产开发投资完成额及其增速的变化情况。在 2014 年以前，全国房地产开发投资完成额增速都维持在 10% 以上，并有 10 个年份超过 20% 。在 2015 年和 2016 年，增速才降为个位数。事实上，2016 年的全国房地产开发投资完成额已经是 1999 年的 25. 6 倍，而 2016 年全国房屋竣工面积才是 1999 年的 5. 4 倍，每平方米竣工面积对应的投资完成额从 1999 年的 2027 元上升到 9665 元，投入品的价格攀升之快由此可见一斑。

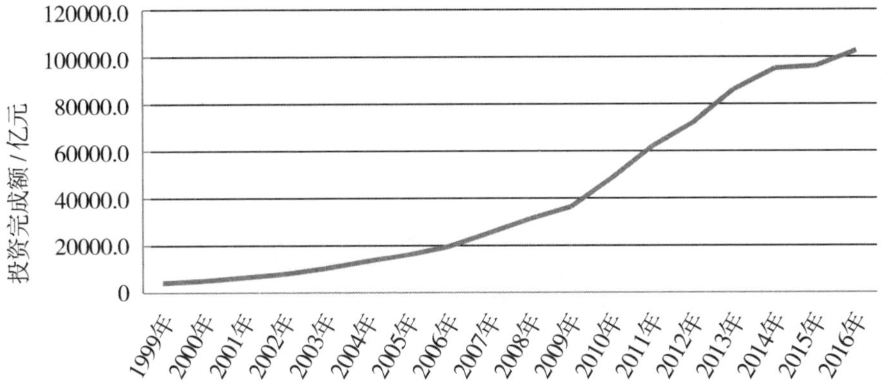

图 1－3　1999—2016 年全国房地产开发投资完成额

数据来源：Wind 资讯。

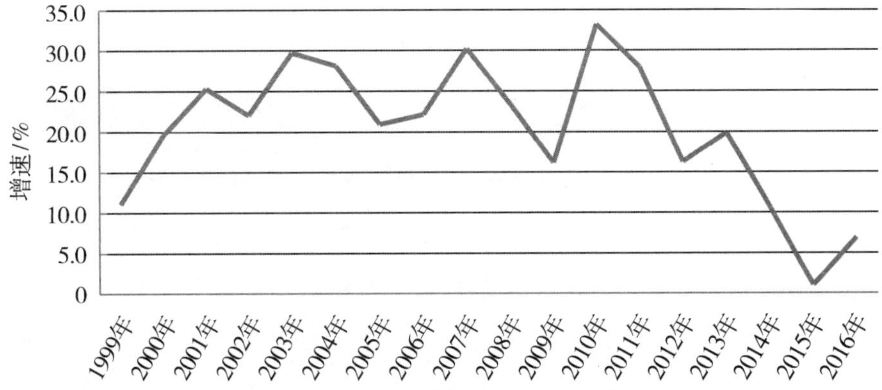

图 1－4　1999—2016 年全国房地产开发投资完成额增速

数据来源：Wind 资讯。

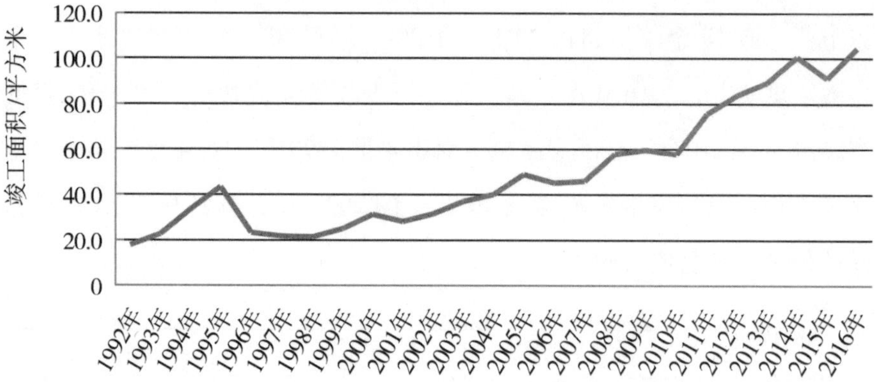

图 1－5　1992—2016 年全国城镇就业增加人口对应的房屋竣工面积

数据来源：Wind 资讯。

全国房屋竣工面积对应的是房地产市场的供给侧，那么需求侧的状况又是如何呢？由于房地产的开发主要集中于城镇，与人口城镇化密切联系，所以我们就来考察一下房屋竣工面积对应的城镇就业人口情况。图 1－5 描述了 1992—2016 年全国城镇就业增加人口对应的房屋竣工面积。该图显示，此期间每个新增加的城镇就业人口对应的房屋竣工面积呈现快速攀升趋势，1992 年每个新增加的城镇就业人口对应的房屋竣工面积为 17. 6 平方米，2016 年已经达到 104. 3 平方米。这表明中国房地产开发和供应的能力有了明显提高，并且呈现出一定的过剩趋势。尽管如此，1992—2016 年全国城镇就业增加人口总数达到 2. 4 亿人，而房屋竣工面积为 128. 2 亿平方米，人均只有 53. 4 平方米，仅考虑住宅，这一数值只有 41. 6 平方米。考虑到原有城镇人口的改善性需求，以及城镇就业增加人口需要负担的赡养人口，这一数值并不高，因此城镇房地产仍然具有较大的发展空间。现在的主要问题是，城镇就业增加人口中有相当一部分属于半城镇化人口，对房地产需求不强烈，更主要的是，2016 年城镇就业增加人口平均对应的 104.3 平方米的竣工面积已经过大，这样大的房屋供给规模并不具有可持续性，房屋竣工面积的绝对下降最终将是不可避免的。

二、中国房地产与宏观经济变量的关系

房地产的快速发展对中国经济产生了深刻的影响，特别是对宏观经济的稳定运行带来了重大挑战，加剧了经济周期波动的程度，为宏观经济调控提出了新的命题。房地产的发展与许多重要的宏观经济变量都具有关联效应，例如在投资、消费、物价、财政、金融和收入分配等领域，房地产的影响都不容小觑，从而对宏观经济影响的方式也表现在多个方面。

1. 房地产发展与投资

房地产对投资既有直接影响，也有间接影响。房地产开发投资本身就是投资的重要组成部分，房地产的迅速发展将通过房地产开发投资影响全社会的总投资。同时，房地产的发展对全社会的投资还具有间接性，主要表现在房地产投资会通过乘数效应带动全社会其他行业更多的投资；另一个渠道是房地产的发展将带动居住类消费的增长，继而刺激居住类产品生产企业扩大投资。不仅如此，房地产本身具有一定的资产属性，通过资产抵押等渠道将有利于扩大全社会的信用规模，对全社会的投资产生刺激作用，特别是在房地产价格膨胀时更是如此。房地产的发展还将有利于促进地方财政收入的增加，增强地方政府对城镇基础设施和公共设施的投资能力，进一步带动全社会投资的增长。当然，在房地产市场出现向下波动时，全社会的投资下滑乃至由此引起的经济向下波动也将可能发生。图 1－6 显示，在 1986 年城镇房地产开发投资占全

社会固定资产投资的比重只有3.2%，而到2011年，这一比重已经上升到19.8%，此后虽有所下降，但在2016年仍然高达16.9%。

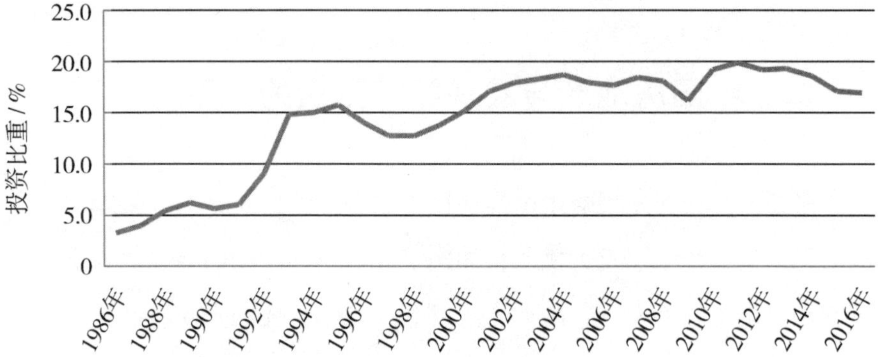

图1-6　1986—2016年城镇房地产开发投资占全社会固定资产投资的比重

数据来源：Wind资讯。

2. 房地产发展与消费

房地产发展对消费的影响具有双重性。一方面房地产的销售会带动家庭对装修材料、家电和家具等消费品的购置；另一方面过高的房地产实际购买支出或者预期购买支出在一定时期内会抑制家庭对其他非家居类消费品的购置。不过，由于家居类消费品的数额较大，家庭在购置房地产后总的消费支出在相当长一段时期内还是明显增加的，即使在长期，由于房地产价格上涨带来的财富效应，甚至也可能使相当一部分家庭增加消费支出，只是对于收入相对较低、房贷支出占收入比重过高的家庭，其消费的增长速度才会明显降低。从图1-7中不难看出，尽管商品房销售面积比装饰材料、家具和家电等家居类产品消费额波动更为剧烈，在部分年份甚至出现一定相反的走势，但是两者的变化总趋势是一致的，反映出房地产市场的变化对消费具有重大的影响。

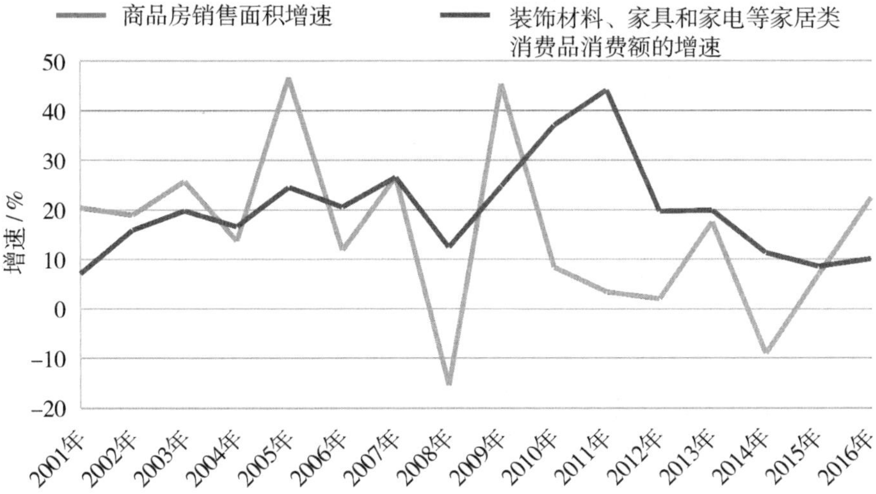

图1－7　2001—2016年商品房销售面积与部分消费品消费额的增速比较

数据来源：Wind资讯。

3. 房地产价格与通货膨胀

房地产作为重要的生产要素和生活要素，其投资规模和价格水平的剧烈波动对全社会物价水平会产生重大影响。房地产价格的波动影响全社会物价水平的渠道也是多样的。第一，房地产是一项价值庞大的资产，其价格波动本身将直接对全社会物价产生影响；第二，房地产价格的波动还会对住宅或商业办公房地产的预期租金收入产生影响，并继而影响商品和服务价格；第三，房地产价格的大幅波动会对社会通货膨胀预期产生影响，刺激各类经济主体增加消费支出或资产购置支出，进一步推高全社会物价水平；第四，房地产作为一项优良的资产抵押品，其价值的波动还会对抵押物价值产生影响，继而对社会可贷资金数量产生影响，并由此提高或者削弱全社会信用总规模，影响全社会的购买能力；第五，房地产投资规模的波动也会对物价水平产生影响，即大规模的房地产投资将会直接增加需求总量，推动包括钢材、水泥等在内的一系列工业品的价格水平。图 1－8 描述了 2006 年 1 月至 2016 年 7 月 70 个大中城市新建住宅月度同比价格指数的变化情况。该图显示，在总共 126 个月份中：只有 32 个月份的指数是下降的，而且最大下降值只有 －6.3%；而其余月份的指数都是上升的，而且大于 10% 的月份达到 21 个，住宅价格单边上涨的趋势明显。

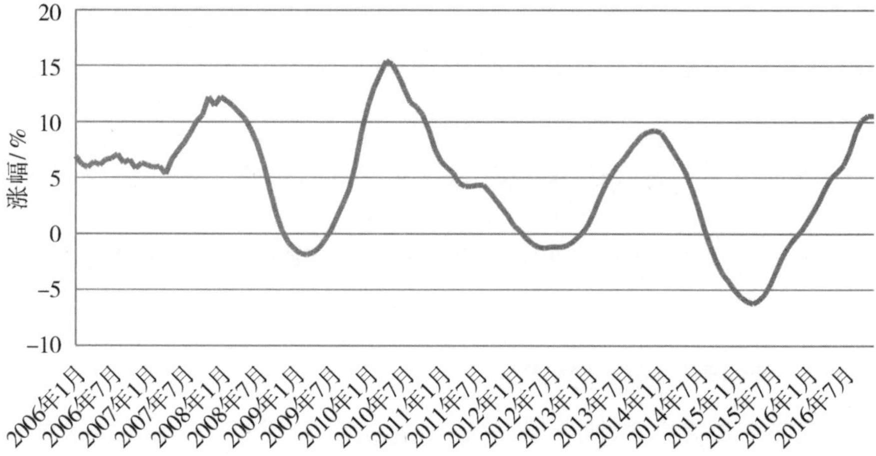

图 1－8　2006—2016 年 70 个大中城市新建住宅月度涨幅

数据来源：Wind 资讯。

4. **房地产市场与财政收支**

财政收入决定政府的财政支出能力，也是一个重要的宏观经济变量，而房地产的发展对财政收入特别是地方财政收入具有重要影响。房地产对财政收入的影响突出表现在两个方面：一是土地整理拍卖差价收益，这直接增加了地方基金性质的财政收入；二是与房地产交易相关的营业税或增值税等税收收入。土地财政收入对于地方政府而言无疑是意义重大的，在城镇化的过程中，它所占地方财政收入的比重是相当可观的，为地方政府推动当地经济发展和城镇化进程提供了基本的财力保障，并成为影响地方政府基础设施和公共设施投资行为的重要因素。图

1 –9 描述了 2010—2016 年全国国有土地使用权出让金与地方公共财政收入的变化情况。该图显示，除了 2010 年，其余年份全国国有土地使用权出让金占地方公共财政收入的比重都达到 20. 0% 以上，2014 年最高达到 27. 0%，此后略有下降，但 2016 年仍然达到 25. 5%。由于地方公共财政收入具有较强的支出刚性，而土地使用权出让金则能够较为自由地使用以进行基础设施投资，其收入状况对于地方政府的重要性不言而喻。然而，由于土地使用权出让金的多寡又受到房地产发展状况的影响，故房地产市场对于地方财政的影响亦由此可见一斑。

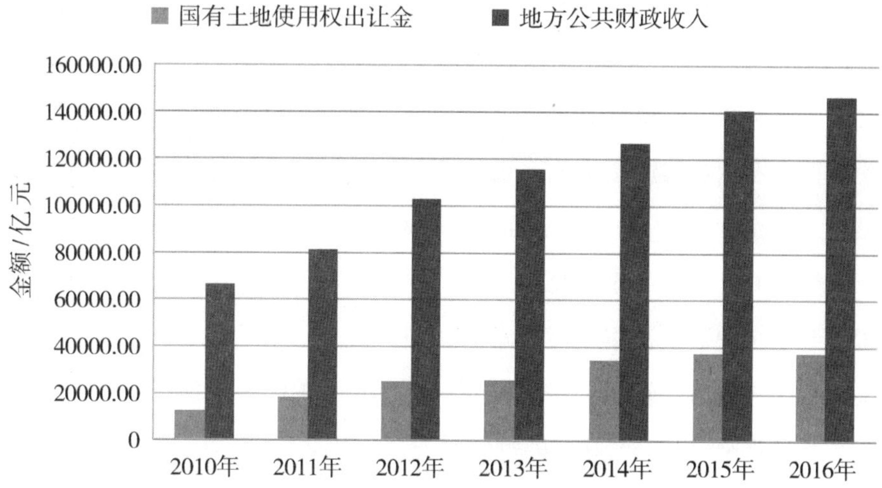

图 1 –9　2010—2016 年全国国有土地使用权出让金与地方公共财政收入比较

数据来源：Wind 资讯。

5. **房地产市场与金融**

房地产与金融的关系更是复杂多样。房地产业是资金密集型的产业，它的发展离不开金融活动的支撑，社会资金供给规模和利率水平直接影响房地产市场的供需状况，并对房地产价格产生影响。反而言之，房地产的发展也为金融活动提供了更多标的物，同时，房地产作为一种资产抵押物，在提高经济主体信用度和金融机构融资信心方面具有重要作用，特别是在资产价格膨胀时期，房地产的发展会产生明显的金融加速器效应，并有利于全社会信用的扩张，促进经济走向繁荣；当然，在资产价格萎缩时期，则会对全社会的信用产生反向的影响。现代的经济危机突出表现在金融危机，而金融危机又和房地产市场密切相关，因此房地产的平稳运行对于一个经济体维持经济稳定运行也就具有重要意义。表1－1描述了房地产开发企业与工业企业在资金密集度方面的差异。从表中不难看出，房地产开发企业的资产负债率明显高于工业企业，1998—2015 年一直维持在 72%～78%，而工业企业则逐渐由 1998 年的 63.7% 下降至 2015 年的 56.6%；房地产开发企业的人均资产则远高于工业企业，1998 年是工业企业的 13.1 倍，2015 年则上升至 19.2 倍；房地产开发企业的资产收入比也与工业企业存在显著的差异，1998 年房地产开发企业百元资产对应的营业收入仅为 15.1 元，只是工业企业的 25.6%，2015 年这一比率更是进一步下降至 11.7%。这些数据表明了房地产开发企业资金密集程度非常高，如果没有了金融的支持，房地产开发企业的经济活动将受到极大限制；反过来，正因为房地产开发企业占据了大量资金，其经营状况的过度波动也会引起金融行业的震荡。

表 1－1　1998—2015 年房地产开发企业与工业企业的资金密集度比较

年份	房地产开发企业资产负债率/%	房地产开发企业人均资产/(万元·人$^{-1}$)	房地产开发企业百元资产对应的营业收入/元	规模以上工业企业资产负债率/%	规模以上工业企业人均资产/(万元·人$^{-1}$)	规模以上工业企业百元资产对应的营业收入/元
1998 年	76.1	236	15.1	63.7	18	58.9
1999 年	76.1	213	16.1	61.8	20	59.7
2000 年	75.6	259	17.9	60.8	23	66.7

（续表）

年份	房地产开发企业资产负债率/%	房地产开发企业人均资产/（万元·人$^{-1}$）	房地产开发企业百元资产对应的营业收入/元	规模以上工业企业资产负债率/%	规模以上工业企业人均资产/（万元·人$^{-1}$）	规模以上工业企业百元资产对应的营业收入/元
2001 年	75.0	269	19.2	59.0	25	69.2
2002 年	74.9	291	21.4	58.7	26	74.9
2003 年	75.8	336	22.6	59.0	29	84.8
2004 年	74.1	390	21.5	58.0	33	92.4
2005 年	72.7	476	20.5	57.8	35	101.5
2006 年	74.1	552	20.4	57.5	40	107.7
2007 年	74.4	646	21.1	57.5	45	113.2
2008 年	72.3	690	18.4	57.7	49	115.9
2009 年	73.5	873	20.3	57.9	56	109.9
2010 年	74.5	1073	19.2	57.4	62	117.7
2011 年	75.4	1260	15.6	58.1	74	124.6
2012 年	75.2	1474	14.5	58.0	83	120.9
2013 年	76.0	1641	16.6	59.4	88	121.0
2014 年	77.0	1807	13.3	57.2	96	115.7
2015 年	77.7	2016	12.7	56.6	105	108.4

数据来源：Wind 资讯。

6. 房地产发展与收入分配

房地产的发展还与收入分配密切相关。一般来看，在资产价格平稳的情况下，房地产与收入分配并无直接关系，但是，若资产价格出现膨胀，则会产生明显的收入分配效应。在城镇化的进程中，先行城镇化的家庭和富裕阶层，通常会成为城市房地产的持有者，部分家庭甚至会持有多套房地产，在资产价格出现膨胀后，将能获得较多的资产溢价收益，特别是在按揭制度下，杠杆效应甚至会使其获得数倍乃至数十倍的收益。相反，在资产价格膨胀时，那些后进入者将不得不花费更多的支出来购进房地产，并长期成为沉重贷款的负担者。由于房地产价值庞大，同时购房者还不得不负担按揭贷款的利息，故后进入者的财富在很大程度上被转移到了先进入者的收入里，收入分配效应由此产生。房地产所产生的收入分配效应需要引起高度的关注，这是因为通常富裕阶层是房地产的高净值所有者，而中低收入阶层充其量是房地产的低净值所有者，贫穷阶层甚至并不持有任何房地产，但是也不得不承担由于资产价格膨胀带来的更昂贵的租金，从而产生“劫贫济富”的效果，严重挑战社会公平。表 1 –2 描述了北京市 2015 年不同收入户财产收入及房屋出租收入的情况。2015 年，北京市城市居民中的中等收入户出租房屋净收入达到 1599 元，但是利息净收入为负值，表明这一阶层通过借贷购买多套住房的比例最大，也是北京市房地产价格上涨的最大受益户；中高收入户利息净收入为负，同时出租房屋净收入仅高于低收入户，表明这一阶层通过借贷买房的比例也较高，但是由于自有住房折算净租金远高于中等收入户，表明这一阶层自住房价值较大，或者由于总收入较高，房屋出租获益积极性不高；高收入户的利息净收入最高，自有住房折算净租金也最大，表明这一阶层现金流充裕，主要是用自有资金买房，同时自住房价值较大，出租比例相对较少；至于中低收入户，利息净收入为正，但是数额不大，同时自有住房折算净租金偏低，中低收入户出租房屋净收入仅次于中等收入户，这表明中低收入者也喜欢购买多套住房，并且在自住房面积较小的情况下通过出租房屋获益，但由于利息净收入为正，表明中低收入户通过借贷购房的比例远不及中等收入户；低收入户则购房能力较弱，通过借贷购房比例偏低，同时自住房价值也较小。表 1－2 表明，在房地产价格上涨引起租金上涨的情况下，由于中高收入者和高收入者出租房屋净收入和自有住房折算净租金合计最大，从获益总值来说，是获益最大的群体，但是中等收入户是负债购房，是资产回报率最高的群体，低收入者和中低收入者购房比例较低，总额也不大，则是房地产价格上涨和租金上涨最大的损失者。

表 1－2　2015 年北京市城市居民不同收入户财产净收入来源

单位：元

收入来源	全市平均	低收入户 20%	中低收入户 20%	中等收入户 20%	中高收入户 20%	高收入户 20%
财产净收入	7499	2069	4770	7217	10417	15473
利息净收入	59	7	5	－9	－18	367
出租房屋净收入	1031	475	1195	1599	919	1089
自有住房折算净租金	6153	1197	3287	5461	9326	13850

数据来源：北京市统计局编《北京统计年鉴 2016》，中国统计出版社 2016 年版。

三、房地产与经济周期波动

房地产与许多宏观经济变量密切相关，通过对这些经济变量的影响，房地产的发展有可能会引起比较大的经济周期波动。1930 年，美国经济学家库兹涅茨（S. Kuznets）提出了一种与房屋建筑相关的经济周期，这种周期平均长度为 20 年，被称为“库兹涅茨周期”，也称建筑业周期。这种周期主要是和房屋的更新改造相联系，对于城镇化缓慢发展，或者城镇化进程基本完成、新建房屋数量较少的经济体比较适用，但是对于快速城镇化的经济体而言，这一建筑周期并不适用。事实上，正处于快速城镇化进程中的经济体，房地产业逐渐成为国民经济支柱产业，同时随着房地产价格的波动，房地产交易量和房地产投资额也处于不断的波动中，会导致许多持续时间较短的周期出现。不仅如此，随着城镇化进程的逐渐完成，或者房地产价格上涨导致的购买力严重减弱，房地产将会由高速发展转为低速发展，继而导致结构性的周期波动；最终演变为持续时间较长的“库兹涅茨周期”，或者演变为带有金融推动性质的房地产周期。

由于房地产规模庞大，又与金融杠杆相联系，房地产市场的波动无疑对经济周期产生重要影响。但是，这些经济周期，既有主要受房地产投资影响的经济周期波动，也有受房地产金融影响的经济周期波动；既有频率较高的短期周期波动，又有频率较低的甚至带有趋势性的长期周期波动。就中国而言，房地产金融性质的经济周期波动发生的环境条件还不具备，更多的是其他性质或形式的周期波动，如长期受城镇化进程的影响，短期受房地产价格波动及由此引发的房地产投资波动的影响。图1－10描述了1994—2016年全国房地产开发投资增速与全国GDP名义增速的对比情况。该图显示，此期间两者存在明显的相关关系，表明房地产发展状况在经济周期波动中发挥着重要作用。

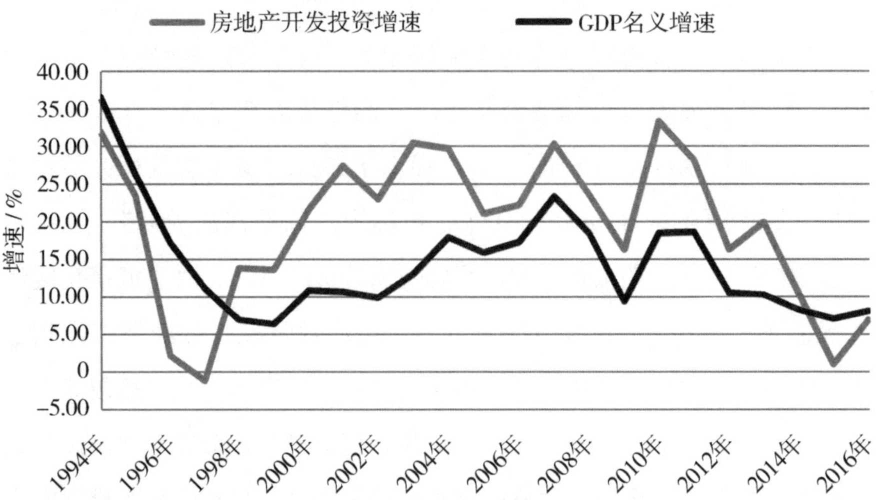

图1－10　1994—2016年全国房地产开发投资增速与GDP名义增速比较

房地产市场的巨大波动，特别是在房地产市场存在严重泡沫时的向下剧烈波动，则可能引发经济危机。世界上许多国家都经历过房地产泡沫的生成、破灭及由此引发的经济危机，尽管程度和具体路径不同，但它所带来的巨大经济社会危害却是确定的。促使房地产泡沫生成的因素有很多，有受土地相对有限情况下城镇化快速推进带来的城市规模膨胀的影响，也有实际利率偏低、货币供应量过多为特征的宽松货币政策长期推动的作用，还与一国人口平均资源稀缺程度、财政税收体制等因素相关。促使房地产泡沫生成的因素在中国几乎都不同程度地存在，同时中国正处于结构转型的特殊阶段，实体经济平均收益率偏低，储蓄缺少投资渠道，进一步强化了房地产价格上涨的预期，在没有实质性的调控政策和体制改革措施出台的情况下，房地产泡沫的进一步累积几乎不可避免。在这种情形下，研究房地产泡沫的生成机制，以及房地产泡沫可能累积的程度，并分析由此带来的系统性经济风险，具有重要的现实意义。图 1 - 11 描述了 2005—2016 年金融存款机构新增人民币住户中长期消费贷款占新增人民币贷款总额的比重变化情况。新增住户中长期消费贷款主要由住户按揭贷款构成。从图中不难看出，2005—2016 年新增住户中长期消费贷款占当年新增贷款总额的比重变化非常剧烈：2006 年和 2008 年较低，分别为 4.8% 和 8.3%；其余年份都在 10.0% 以上，有 5 个年份这一比重超过 20.0%，其中 2016 年更是达到惊人的 41.6%。这 12 年的平均比重达到 17.6%。过多的新增贷款被配置于房地产领域，无疑会放大房地产市场波动所带来的金融风险。

客观地说，由于中国城镇化仍在快速推进之中，居民名义收入也在持续快速增长，如果没有过度的政策打压，房地产价格仍然有可能在现有的水平上避免大幅下跌，通过时间换空间，辅以相关长效机制的建立和完善，房地产泡沫破裂的风险也是可以避免的。然而，毕竟房地产已

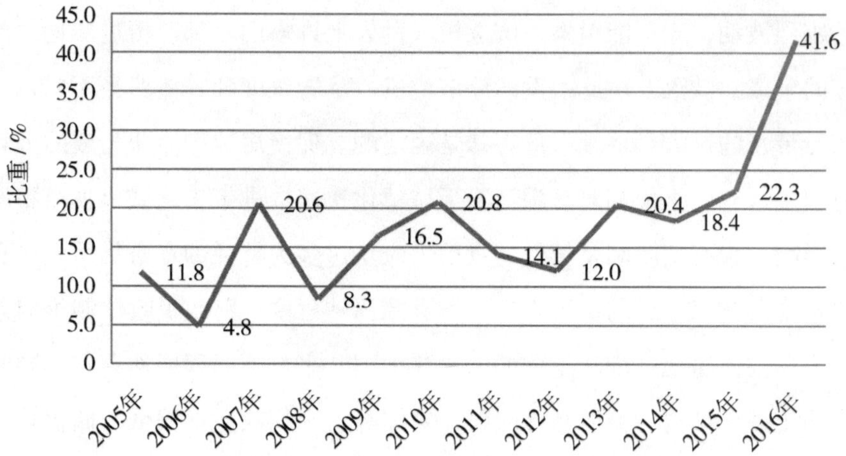

图1-11　2005—2016年金融存款机构新增人民币住户中长期消费贷款占新增人民币贷款总额的比重

经将过多的金融资源席卷其中，债务链条也十分复杂，一旦房地产价格再度疯狂上涨，裹挟更多的金融资源进入，那么房地产泡沫爆裂的可能性将非常大，金融风险也会随之而至。因此，中国房地产市场的走势必须予以密切关注，并且要限制更多的金融资源席卷其中，在准确评估房地产泡沫的风险程度的基础上，一方面要采取有效预防泡沫破裂的政策措施，另一方面要未雨绸缪，早日储备泡沫破裂后的风险处置措施，尽可能避免或者减少房地产泡沫所带来的金融风险。

第二章　房地产与中国宏观经济关系：历史与未来

一、房地产业作为支柱产业的地位演变

“衣、食、住、行”乃人们生活之基本所需，须臾不可疏离；然而，这只是就其产品的物质属性而言，并没有涉及其产品所属产业的经济属性。事实上，在任何时候这些产品的物质属性都不会改变，但是在不同的发展阶段，其所属产业的重要性和经济地位却会发生较显著的变化。譬如，在传统农业社会和工业社会初期，农业不仅是国民经济的基础产业，也是一类支柱产业，到了后工业化时期，我们仍然说农业是国民经济的基础产业，对经济发展和人们生活是必不可少的，可是却不会再说它是国民经济的支柱产业，因为它所带来的产出规模和经济效益已经下降了。房地产业作为以房屋为生产对象的一类行业，它的基础地位也是毋庸置疑的，不仅如此，由于房屋价值的规模庞大，在大部分时候房地产的产出规模和经济效应都是如此之大，以致于房地产业的支柱产业地位即使在人类社会到了后工业化阶段也难以被有效撼动，甚至它的波动还会经常引起不小的金融风波和经济危机。

然而，必须指出的是，这里所谓的房地产业并不是房地产开发企业

的集合，即并不是《国民经济行业分类（GB/T 4754—2011）》中的“房地产业”，从某种意义上来说，它甚至不能称为一个产业，而更应该是一类活动，但经营主体却可能分布在各个行业，房地产开发企业、房地产中介组织，甚至建筑业企业，这些也只是从事房地产活动相关主体中的一部分而已，厂商和居民都有可能是房屋建造的主体。正是在这个意义上，有的专家称“房地产业基本不创造国民财富”[①]，他这里的“房地产业”就是指房地产开发企业集合。与房地产开发企业主要承担组织者和运营者的角色相比，建筑业由于直接参与房屋的建造，并且通常掌握核心专业技术，是房屋建造不可或缺的环节，对于房地产活动来说具有更为重要的意义。为了研究的方便，我们仍然将所有从事房地产相关活动的经济主体都视做房地产业的组织单元，但是将淡化房地产业的经济主体概念，而更强调房地产活动的经济属性。

那么，究竟该怎样来衡量房地产业在国民经济中的产业地位呢？一个最常用，也是最为根本的衡量指标就是从事房地产活动所带来的增加值占全部国内生产总值（GDP）的大小。但是这里仍然存在着难以判断的问题，即从事房地产活动的产业边界的准确划定，不仅仅是一个实证范畴的问题，也是一个规范范畴的问题。因此，为了更全面地了解房地产业在国民经济中的地位，还要考虑从需求层面来对其进行剖析和展示。房地产作为一类活动，在统计上通常被列为房地产投资，这种投资活动与其他的投资活动不同，它直接形成房屋这一类最终产品，房屋究竟作何用途则是另外一个问题。从这个意义上来说，房地产投资是一项同时具有两个属性的活动，既是作为一种具有需求属性的投资活动，这种活动带动对上游产品的购买或使用，又是一种具有供给属性的生产活

① 曹建海：《房地产业基本不创造国民财富》，《中国经济时报》2006 年 6 月 5 日版。

动，这种活动直接形成可供经济主体购买或使用的最终产品——房屋。在统计上，房地产投资是从需求层面来计算的，其活动的成果——房屋的数量或规模则是从供给层面来计算的，而房屋的售卖和成交则又是从需求层面来计算的。由于房地产活动具有这种形态简单而性质复杂的特点，故必须从多层面和全方位来对其进行考察，才能更深刻地认识房地产业在国民经济中的地位。

1. **直接活动、专业化与房地产业增加值**

在《国民经济行业分类（GB/T 4754—2011）》标准中，与房地产活动密切相关的行业，主要包括第二产业的建筑业和第三产业的房地产业，尽管它们的行业增加值只是房地产活动创造的全部增加值中的一部分，并没有包括社会经济主体自营建造活动带来的增加值，以及上游关联行业生产和供给用于房屋建造的产品所带来的增加值，但是由于这两个行业是最为直接、最为专业化的房地产活动，它们所创造的行业增加值及其占国内生产总值的比重，仍然是最能反映一国或地区房地产活动的产业地位重要性及其变化情况的经济指标。

图 2 - 1 描述了 1978—2016 年中国建筑业和房地产业占国内生产总值的比重及其变化情况。1978 年以来，两行业增加值占国内生产总值的总比重呈现显著的上升趋势，从 1978 年的 5.9% 提高到 2016 年的 13.1%，共提高了 7.2 个百分点。分阶段来看，1978—1993 年两行业增加值比重从 5.9% 提高到 10.2%，属于快速上升阶段；1994—2004 年两行业增加值比重则相对稳定，大多数年份维持在 10.0% 以下；2005—2016 年，两行业增加值比重再度开始爬升，从 10.1% 最终提高到 13.1%。分行业来看，1978—2016 年建筑业增加值占 GDP 比重上升相对较慢，从 1978 年的 3.8% 提高到 2016 年的 6.7%，只有 2.9 个百分点，而由于房地产体制的改革和房地产市场的发展，同期房地产业增加

值占 GDP 比重上升相对较快，从 2.17% 提高到 6.5%，升幅达到 4.33 个百分点。

作为房地产活动最为主要的两个行业，建筑业和房地产业增加值在国内生产总值的比重都超过了 6.0%，表明房地产活动对国民经济的发展起着重要作用。建筑业作为国民经济的一类基础行业是最为直接从事房屋建造的行业，它的发展对于国民经济是不可或缺的；房地产业作为房地产领域最为专业化的行业，虽然它的存在对于国民经济并不是不可或缺的，但是通过专业化提高房地产开发的效率也是非常重要的。因此，两行业增加值占国内生产总值比重的提高，在一定程度上反映出它们在资金筹集、房屋建造、房屋售卖等方面所取得的巨大成就，折射出它们在推进中国城镇化、为更多人群或企业提供生产生活场所作出的重大贡献。

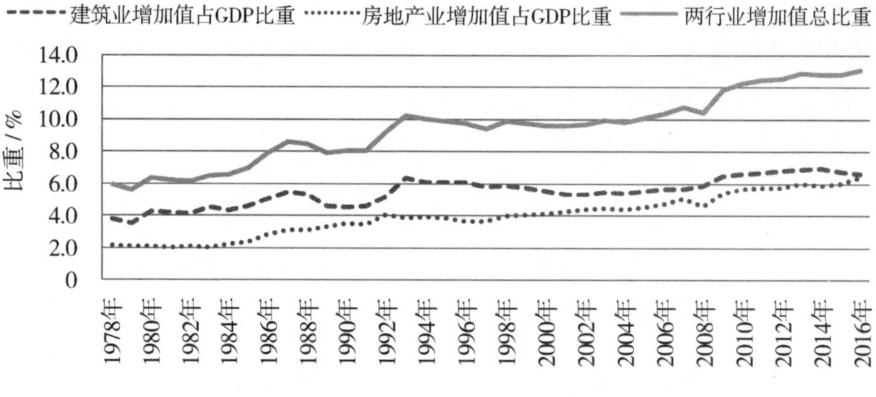

图 2-1　1978—2016 年中国建筑业和房地产业增加值占国内生产总值（GDP）的比重

数据来源：中华人民共和国国家统计局编《中国统计年鉴（2016）》和国家统计局网站。

然而，我们必须认识到，建筑业和房地产业所提供的产品是房屋，在某种意义上是作为生产或生活成本而存在的，房屋数量提供过多和房屋销售定价过高，不仅会存在一定程度的浪费，而且也会扭曲社会收入分配，特别是会增加生产生活的成本。因此，观察两行业增加值比重，一定要认识到这一点，辨清这一比重的提高或降低究竟是什么原因导致的，而不是简单地认为这一比重就是越高越好，从而得出房地产业就是国民经济的支柱行业，盲目地对其发展予以无原则的鼓励和支持。这一点对于房地产业尤其重要。房地产业处于房地产活动的终端，直接面对房屋需求，决定房屋供给，在很大程度上决定了房屋建造的数量和价格，而其本身对于国民经济的发展又不是必需的，属于生产性服务业，虽然能够带来一定程度的专业化的好处，但是也带有很明显的参与社会收入再分配的性质，对于它的过度发展需要予以认真审视，并根据具体情形进行引导和约束。

2. **房地产投资、产业关联与全行业增加值**

房地产投资一头连着需求，另一头连着供给，通过观察房地产投资就能大体把握某一时期房地产业的发展情况。房地产投资与房地产业增加值最大的不同在于，它直接体现在对上游相关产品的需求，具有很强的产业关联性，它对应的资本形成更能反映出除了房屋售卖环节所产生的增加值之外全产业链的增加值大小。

图 2 -2 描述了社会住宅投资的情况，主要测算了 1981—2016 年社会住宅投资对应的资本形成额占 GDP 的比重，以及社会住宅投资占全社会固定资产的比重。图 2 -2 显示，1981—2016 年，社会住宅投资占全社会固定资产投资的比重总体呈现下降趋势，由 30.8% 下降到 14.1%，社会住宅投资对应的资本形成额占 GDP 的比重总体也呈现下降趋势，由 10.4% 下降到 6.8%。图 2 -3 则描述了包含其他主体住宅投资的房地产开发投资的情况，即这里的房地产投资不仅包含了房地产开发企业的投资，也包括了其他经济活动主体的住宅投资，只是由于房

地产开发数据可得性问题，使其区间缩小到1997—2016年。与社会住宅投资的表现基本一样，在此期间，包含其他主体住宅投资的房地产开发投资对应的资本形成额占GDP的比重，以及包含其他主体住宅投资占全社会固定资产投资的比重，也都呈现出下降趋势。

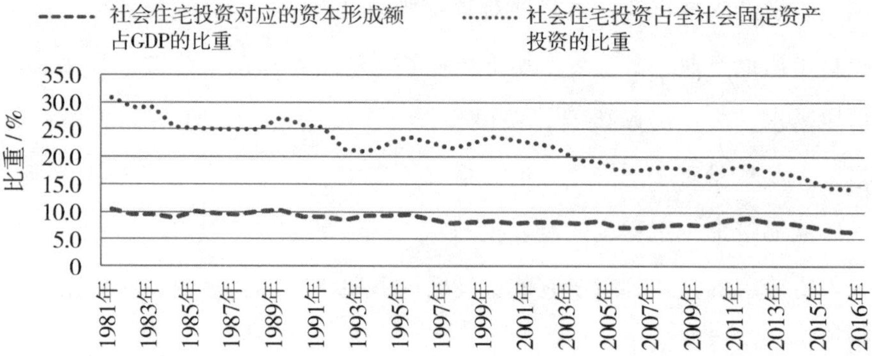

图2－2　1981—2016年社会住宅投资及其对应的增加值情况

数据来源：根据中华人民共和国国家统计局网站相关数据整理测算。

注：社会住宅投资对应的资本形成额主要根据社会住宅投资占全社会固定资产投资的比重、全社会固定资产投资与当期资本形成总额的比率两项指标简单套算而来，具有较多估测的成分在内。下图同理。

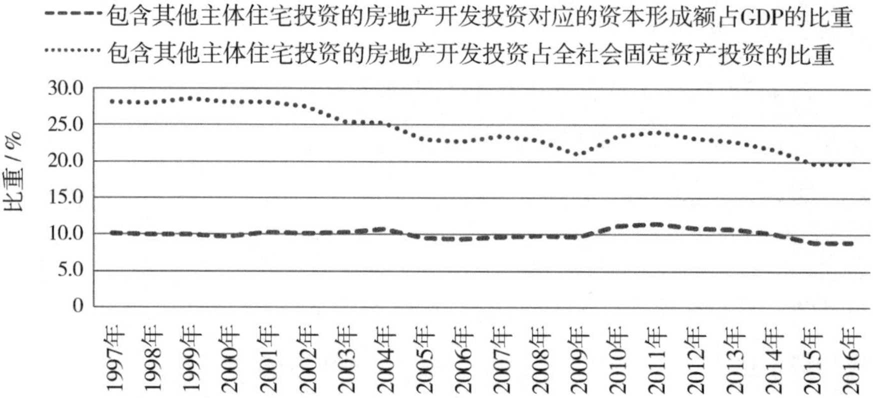

图2－3　1997—2016年包含其他主体住宅投资的房地产开发投资及其对应的增加值情况

数据来源：中华人民共和国国家统计局网站。

根据图2－3，2016年包含其他主体住宅投资的房地产开发投资对应的资本形成额占GDP的比重为8.9%，但根据图2－1，2016年仅仅建筑业和房地产业两行业的增加值之和占GDP的比重就已达到13.1%，那么如何理解其中的差异呢？除了房地产投资对应的资本形成额存在估测误差的影响外，差异主要体现在统计口径上。图2－1中的建筑业增加值统计口径过宽，即它不仅包含了房屋建筑及其相关安装工程所带来的增加值，也包含了铁路、公路和机场等基础设施建设所带来的增加值，图2－3中通过房地产投资所带来的资本形成额（增加值），尽管从收入法核算层面看对应着上游多个相关行业因提供中间产品或服务而创造的增加值，但是房地产业在出售房屋时获得的扣减投资成本后的收益部分却不包含其中，统计口径上的一增一减，最终致使以房地产投资来测算的产业增加值占GDP的比重出现下降。如果根据部分开发商披露的房价构成，即差不多1/3是土地成本，1/3是建安成本，另外1/3是税费以及开发商的利润，其中前两项成本统计进入房地产开发投资，税费的一部分统计进入房地产投资，利润没有统计进入房地产开发投资，那么在房地产投资的基础上，至少应该有房价的20%可以算作房地产业创造的增加值。2016年房地产投资及房屋售卖所创造的增加值占GDP的比重应该达到11.2%，这一比重低于图2－1中建筑业和房地产业增加值比重，但仍然比图2－3仅仅测算房地产投资对应的资本形成额占GDP的比重高出2.2个百分点，也应是最接近房地产活动所创造的增加值比重的实际情况。

虽然社会住宅投资或包含其他主体住宅投资的房地产投资占全社会固定资产投资的比重显著下滑是确定无疑的，反映了现阶段房地产活动在国民经济中的地位出现了下降，但就房地产开发企业而言，1997—2016年房地产开发投资对应的资本形成额占GDP比重、房地产开发投资占全社会固定资产的比重仍是上升的，分别由 4.6%、12.7% 提高到 7.8%、17.2%，如图 2-4 所示。

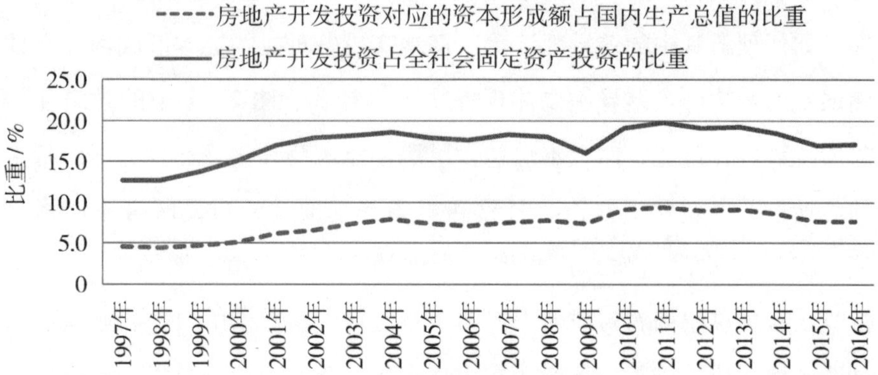

图 2-4　1997—2016 年房地产开发企业自身房地产开发投资及其对应的增加值情况

数据来源：中华人民共和国国家统计局网站。

3. 房地产业与就业吸纳

房地产业在国民经济中的产业地位还体现在吸纳就业的能力方面。我们仍然首先分析直接与房地产活动相关的建筑业和房地产业的从业人员状况。图 2-5 描述了 2000—2016 年建筑业和房地产业从业人员占第二、第三产业从业人员比重及其变化情况。图 2-5 显示，2000 年时，两行业从业人员占第二、第三产业从业人员的比重只有 5.8%，2016 年已经快速提高到 9.7%；其中，2016 年建筑业从业人员占比达到 9.2%，是 2000 年的 1.67 倍，2016 年房地产业从业人员占比相对较低，为 0.50%，是 2000 年的 1.84 倍。图 2-5 所显示的建筑业和房地产业从业人员占第二、第三产业从业人员比重呈现上升趋势，基本与图 2-1 所显示的建筑业和房地产业增加值占 GDP 的比重呈现上升趋势相一致。

不过，需要指出的是，尽管建筑业和房地产业是与房地产活动直接相关的行业，但房地产投资需要购买上游相关行业的产品用作中间投

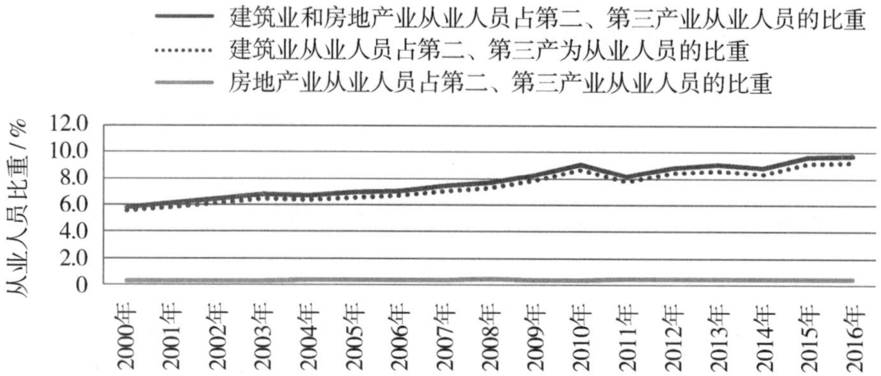

图2-5 2000—2016年建筑业和房地产业从业人员占第二、第三产业从业人员的比重

数据来源：中华人民共和国国家统计局网站。

入，具有很强的产业关联性，这些关联行业的部分产出就受房地产投资活动波动的影响。还有一个问题，就是建筑业从业人员中，也包括了从事铁路、公路、机场和港口等建设活动的从业人员，是与房地产活动并无直接联系的，从而这一部分从业人员应该从房地产业从业人员中予以剔除。遗憾的是，由于统计数据的缺失，这部分从业人员都无法准确地予以测算。

房地产业不仅吸纳了数量巨大的劳动力，而且由于它所吸纳的劳动力绝大部分是农村外出务工人员，其中有相当一部分是没有太高劳动技能或者年龄偏大的农民工，对于提高农村家庭收入、缩小收入分配差距方面具有重要意义。这些劳动力中，大部分缺少在其他部门就业的能力，如果没有房地产活动带来的相关就业机会，他们即使不会在农村消耗掉全部的劳动时间，至少也会消耗掉大部分劳动时间，对于社会资源的充分利用也是不利的。因此，房地产业不仅提高了他们的就业机会，而且促进了社会资源配置效率的改善。

二、房地产供需关系的历史演变

尽管房地产业创造的增加值和所吸纳的劳动力的占比有较大的波动，但是其绝对值总体呈现大幅增长的趋势，这与整个国民经济的发展相关，但最直接的，还是与由此带来的城镇化和人口流动密切相关。

表 2 – 1 描述了 1982—2016 年非农住宅竣工面积与城镇人口的变化情况。从表中不难看出，在这一时期非农住宅竣工面积迅速增长，由 1982 年的 17258 万平方米上升到 2016 年的 98420 万平方米，并在 2014 年达到最大值 108776 万平方米，是 1982 年的 6. 3 倍。

表 2 – 1　1982—2016 年非农住宅竣工面积与城镇人口变化情况

年份	非农住宅竣工面积/万平方米	城镇人口/万人	城镇就业人员/万人
1982 年	17258	21480	11428
1983 年	16947	22274	11746
1984 年	17982	24017	12229
1985 年	21430	25094	12808
1986 年	26048	26366	13292
1987 年	25117	27674	13783
1988 年	27619	28661	14267
1989 年	21133	29540	14390
1990 年	18613	30195	17041
1991 年	20492	31203	17465
1992 年	25438	32175	17861
1993 年	32836	33173	18262

（续表）

年份	非农住宅竣工面积/万平方米	城镇人口/万人	城镇就业人员/万人
1994 年	39864	34169	18653
1995 年	41203	35174	19040
1996 年	42382	37304	19922
1997 年	43814	39449	20781
1998 年	50541	41608	21616
1999 年	62548	43748	22412
2000 年	59014	45906	23151
2001 年	61620	48064	24123
2002 年	64161	50212	25159
2003 年	60420	52376	26230
2004 年	62578	54283	27293
2005 年	70544	56212	28389
2006 年	66845	58288	29630
2007 年	73606	60633	30953
2008 年	80819	62403	32103
2009 年	88639	64512	33322
2010 年	86657	66978	34687
2011 年	102513	69079	35914
2012 年	107327	71182	37102
2013 年	107376	73111	38240
2014 年	108776	74916	39310
2015 年	100358	77116	40410
2016 年	98420	79298	41428

数据来源：中华人民共和国国家统计局网站。

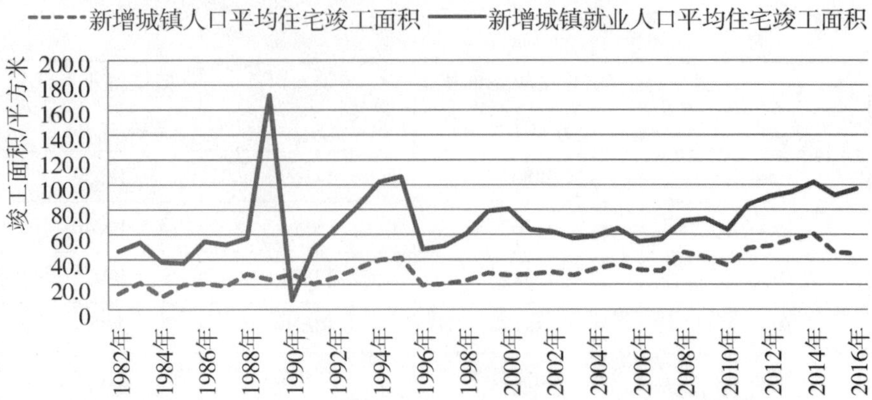

图 2－6　1982—2016 年新增城镇人口平均住宅竣工面积和城镇就业人口平均住宅竣工面积的变化情况

数据来源：中华人民共和国国家统计局网站。

注：新增城镇人口与新增城镇就业人口是通过当年数值与上年数值相减而得。

图 2－6 则进一步描述了新增城镇人口平均住宅竣工面积和新增城镇就业人口平均住宅竣工面积的变化情况。1982 年，新增城镇人口平均住宅竣工面积只有 10.3 平方米，2016 年这一数值上升到 45.1 平方米，35 年的平均值为 33.0 平方米；同期新增城镇就业人口平均住宅竣工面积则由 46.0 平方米上升到 96.7 平方米，35 年的平均值为 61.1 平方米。在不考虑存量的情况下，这些数字突出表明了相对城镇新增人口而言城镇住宅供给能力不断提高。不过，尽管住宅供给能力大幅提高，但是当前城镇人口的平均住宅面积仍然有提高空间。图 2－7 就测算了 1982—2016 年城镇人口平均住宅面积的变化情况。图 2－7 显示，1982 年城镇人口平均住宅面积为 4.6 平方米，之后每年逐步提高，2016 年达到 25.6 平方米。这些数据的测算没有考虑每年城镇住宅的实际拆迁面积，如果考虑到拆迁因素，这一数值会更低一些，但是由于拆迁面积相对存量面积而言占比很低，所以各年的数值并不会被显著拉低。

另外，城郊区域大面积的农村小产权房、商业办公改居住、公寓、工厂集体宿舍建设并没有被包含在内，如果考虑到这一点，城镇住房人均供给面积仍应明显大于 25.6 平方米。根据国家统计局的抽样统计数据，2016 年城镇居民人均居住建筑面积已经达到 36.6 平方米。如何理解两者的差异？国家统计局的抽样方法和抽样对象并没有公布，如果是以户籍人口为对象或者忽略掉群租或者集体宿舍居住的人员，那么 36.6 平方米无疑是虚高的，以上分析则说明 25.6 平方米是偏低的，城镇居民人均居住建筑面积应该在两者之间，取中值则为超过 31.1 平方米。不管以哪一个数据为准，即使人均住房面积已经达到 36.6 平方米，但是由于大中小城市居住面积的巨大差异，许多城市特别是大中城市的房地产市场仍然具有较大的潜力。

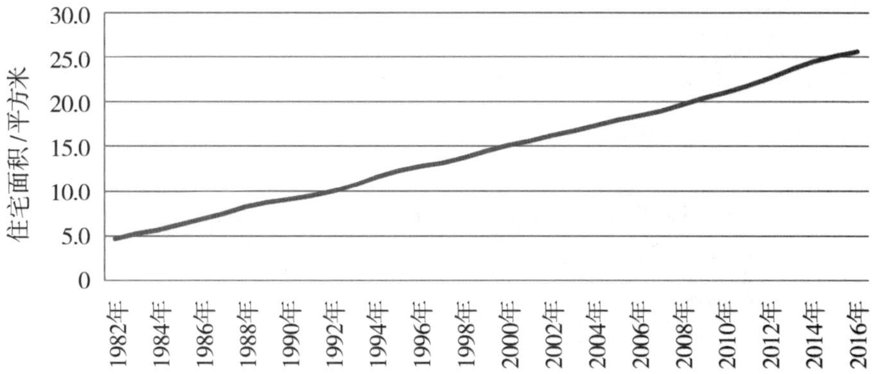

图 2－7　1982—2016 年城镇人口平均住宅面积

数据来源：中华人民共和国国家统计局网站。

三、房地产活动与中国经济波动

房地产业的飞速发展使房地产投资成为国民经济中最为活跃的一类活动，其规模的庞大，以及易于波动的特性，使房地产投资已经成为导致中国经济波动的重要因素。图 2－8 测算了 1982—2016 年中国全社会住宅投资对应的资本形成额所拉动的 GDP 实际增长百分点。1985 年是全社会住宅投资拉动 GDP 实际增长百分点最大的一年，达到 1.95 个百分点，2015 年则是其对 GDP 负向拉动百分点最大的一年，为 -0.46 个百分点，1982—2016 年全社会住宅投资平均拉动 GDP 实际增长 0.72 个百分点。图 2-9 则测算了 2000—2016 年全社会房地产投资对应的资本形成额所拉动的 GDP 实际增长百分点。由于全社会房地产投资包含了住宅之外的其他类型的地产投资，其对 GDP 的影响程度更大。2010 年全社会房地产投资对 GDP 的影响程度最大，拉动 GDP 实际增长 2.61 个百分点，2015 年对 GDP 的负向影响最大，拉动 GDP 实际下降 0.70 个百分点，2000—2016 年全社会房地产投资平均拉动 GDP 实际增长 1.2 个百分点。

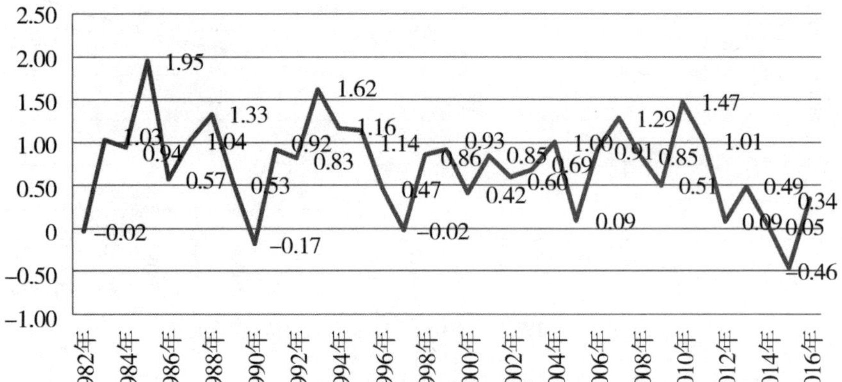

图 2-8 1982—2016 年全社会住宅投资拉动的 GDP 实际增长百分点

数据来源：根据中华人民共和国国家统计局网站相关数据估测。

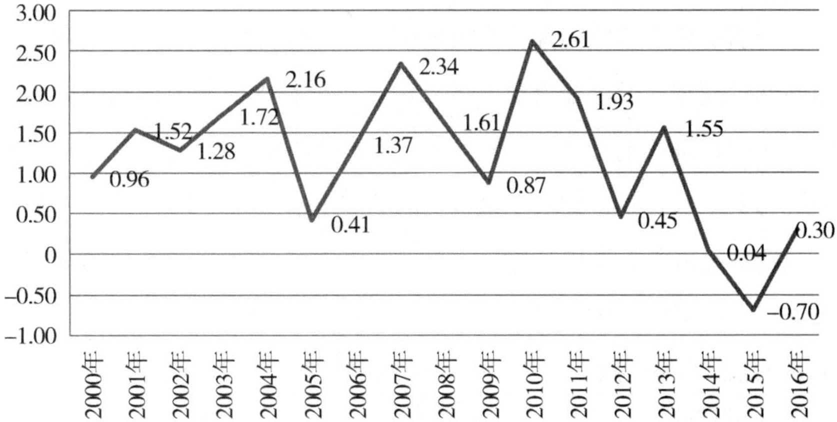

图 2－9　2000—2016 年全社会房地产投资拉动的 GDP 实际增长百分点

数据来源：根据中华人民共和国国家统计局网站相关数据估测。

以上仅仅是就房地产投资波动对经济增长的直接影响进行的分析，并没有考虑对其他行业增加值的拉动情况。由于房地产开发投资和房屋工程建筑业总产值保持着相对稳定的比例关系，近年在 1.15 ～ 1.20 波动，通过考察房屋工程建筑业总产值对国民经济各行业的完全消耗情况，就基本可以推知房地产开发投资通过引致需求所带来的经济增长。从国家统计局网站得到的最新的国民经济核算投入产出表是 2012 年的，根据该表可以计算出建筑业产出对国民经济各行业的完全消耗系数总和为 2.35，即单位建筑业产值可以带动全社会各行业 2.35 个产值，假如各行业产值和增加值都存在较稳定的比例关系，以此逻辑推算，2016 年社会住宅投资和全部房地产投资对经济增长的直接拉动点数分别是 0.34 个百分点和 0.30 个百分点，那么对经济增长的全部拉动点数则分别为 0.80 个百分点和 0.71 个百分点。

但是必须指出的是，由于中国还处于快速发展的过程中：在房地产投资增速放缓的时候，可能有更多的资源被配置到其他行业，从而在理论上计算的房地产投资增速的放缓并不会导致经济增长率的同比例下降；而当房地产投资增速提高的时候，由于房地产业较高的成本费用负担率和利润率，就可能有更多的已配置其他行业的资源被吸引到房地产业，从而在理论上计算的房地产投资增速的提高也不会导致经济增长率的同比例上升。这意味着，建立在完全消耗系数基础上测算出来的房地产投资对经济增长率的影响力是比实际数值大的，并没有考虑到房地产投资引致的资源再配置对经济增长的影响，也就是说，如果考虑资源再配置因素，2016 年社会住宅投资和全部房地产投资对经济增长的拉动点数会明显低于 0. 80 个百分点和 0. 71 个百分点，实际影响程度应该分别处于 0. 34 ～ 0. 80 和 0. 30 ～ 0. 71 的某点处。

四、房地产活动与金融风险

房地产市场的发展离不开金融的支持。自从中国 1998 年实行住房货币化改革以来，按揭贷款成为支持家庭购买住房的重要资金来源，对于平滑家庭跨期消费、提高家庭消费效用发挥了重要作用。然而，由于许多城市特别是大城市房地产价格的迅速攀升，价格泡沫程度也日趋严重，泡沫破裂风险也越来越大。按揭贷款由于较高首付的存在，普遍被认为是风险较小的一类贷款，即使房地产泡沫破裂选择违约拒绝还贷的家庭也不会是多数，不过由于它的规模庞大，较小比例的家庭违约拒偿也会带来不小的金融风险。同时，房地产开发领域也存在类似的金融风险，房地产开发企业自有资金普遍较少，资产负债率过高，一旦市场环境发生逆转，全国势必将有许多房地产开发企业出现资金断裂，项目烂尾、跑路逃债等现象就会发生，对金融稳定会带来严重冲击。此外，由于非银行系统也存在许多房地产抵押贷款，同时还有中介机构变相提高房地产价值或者抵押折扣率，以及重复抵押和再转抵押等问题，房地产市场较大幅度的波动对金融系统稳定性的冲击仍然不能小觑。

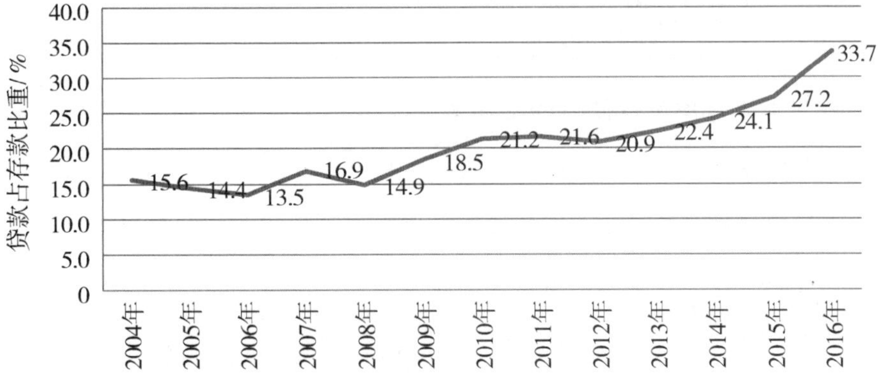

图 2－10　2004—2016 年住户中长期消费贷款占存款性金融机构住户存款的比重

数据来源：Wind 资讯。

图 2－10 描述了 2004—2016 年住户中长期消费贷款占存款性金融机构住户存款的比重。在中长期贷款中，按揭贷款占据了绝大部分的数额。从图 2－10 不难看出，2004—2016 年，住户中长期贷款占住户存款的比重呈现显著上升趋势，2004 年只有 15.6%，而到 2016 年已经上升到 33.7%，累计提高了 18.1 个百分点，在 2016 年这一年时间内就提高了 6.5 个百分点。表 2－2 描述了 2005—2016 年新增住户中长期消费贷款占当年住户中长期消费贷款存量的比重及占 2016 年住户中长期消费贷款存量的比重，它一定程度上表明了住户按揭贷款形成的年份分布状况。表 2－2 第二列表明，2007 年、2009 年、2010 年和 2016 年是住户中长期消费贷款增长较快的年份，所增加的数额分别占当年存量的 25.3%、32.4%、25.3% 和 26.2%，而第三列则表明，2009 年和 2010 年、2013 年至 2016 年则是增加额占 2016 年住户中长期消费贷款存量比重较大的年份，分别为 7.9%、8.2%、9.0%、9.0%、13.6% 和

26.2%。中长期消费贷款的年份分布结构表明，由于2016年也是全国大中城市房地产价格大幅上涨的一年，有一部分住户在房地产价格高点处购房，如果房价出现明显下跌，那么违约风险会较大，但是房价的上涨为2015年以前的按揭贷款提供了某种程度的安全保障，即使对在2016年上半年房价较低时的按揭贷款，也有一定程度的安全保障，从而按揭贷款对于存款金融机构而言仍是相对安全的，只是住户中长期消费贷款占住户存款的比重提高过快，将会对其他行业的发展产生消极的抑制效应，这一点则是值得密切关注。

表2-2　2005—2016年新增住户中长期消费贷款的比重

年份	新增住户中长期消费贷款占当年住户中长期消费贷款存量的比重/%	新增住户中长期消费贷款占2016年住户中长期消费贷款存量的比重/%
2005年	9.9	1.0
2006年	6.6	0.7
2007年	25.3	3.7
2008年	10.4	1.7
2009年	32.4	7.9
2010年	25.3	8.2
2011年	12.9	4.8
2012年	11.6	4.9
2013年	17.6	9.0
2014年	14.9	9.0
2015年	18.4	13.6
2016年	26.2	26.2

数据来源：Wind资讯。

相对住户按揭贷款而言，房地产开发企业的贷款或其他形式的融资债务才是风险聚集的领域。表 2－3 描述了 1997—2016 年房地产开发企业资金来源结构的变化情况。表 2－3 表明，自 1997 年以来，房地产开发企业从银行等金融机构直接贷款占资金来源的比重显著下降，由 1997 年的 23.9%下滑到 2016 年的 14.9%，利用外资比重也逐渐下降，自筹资金比重和其他资金比重上升。表面上金融机构受房地产市场波动和房地产开发企业债务状况的影响下降，但是，由于房地产投资的自筹资金绝不等于自有资金，除了自有资金外还包括各种形式的民间借贷、信托融资和转贷款，即部分资金仍然间接来源于银行等金融机构。银行等金融机构受房地产市场形势和房地产开发企业经营状况的影响仍然是不可小觑的。同时，房地产开发企业的自筹资金中民间借贷和信托融资，也容易受到房地产市场形势和房地产开发企业经营状况的影响，并进而对社会融资活动和债务链条产生消极影响，对经济活动也会产生明显的抑制作用。房地产开发企业资金来源中的其他资金，绝大部分是购房者的定金和按揭贷款等，在房地产开发企业不能如期交付房屋的时候，也容易产生社会纠纷，将使购房者承担损失，但是购房者也可能拒绝偿还按揭贷款，从而将风险转移到银行等金融机构，但从全国层面来看，这一领域的风险仍然是比较低的。这些分析表明，房地产开发企业资金来源结构表面上有所改善，即直接来自银行的信贷资金占比下降，但是其他来源渠道的资金的风险则相应上升，尽管风险分散程度增加，但对于整个社会而言，社会资金过度集中于房地产领域的风险并没有明显消除或减少。

表 2-3　1997—2016 年房地产开发企业资金来源结构

年份	房地产投资国内贷款的比重/%	房地产投资利用外资比重/%	房地产投资自筹资金比重/%	房地产投资其他资金比重/%
1997 年	23.9	12.1	25.5	38.1
1998 年	23.9	8.2	26.4	41.0
1999 年	23.2	5.4	28.0	43.0
2000 年	23.1	2.8	26.9	47.0
2001 年	22.0	1.8	28.4	47.7
2002 年	22.8	1.6	28.1	47.4
2003 年	23.8	1.3	28.6	46.3
2004 年	18.4	1.3	30.3	49.9
2005 年	18.3	1.2	32.7	47.8
2006 年	19.7	1.5	31.7	47.1
2007 年	18.7	1.7	31.4	48.2
2008 年	19.2	1.8	38.6	40.3
2009 年	19.7	0.8	31.1	48.5
2010 年	17.2	1.1	36.5	45.2
2011 年	15.2	0.9	40.9	43.0
2012 年	15.3	0.4	40.5	43.8
2013 年	16.1	0.4	38.8	44.6
2014 年	17.4	0.5	41.3	40.7
2015 年	16.1	0.2	39.2	44.5
2016 年	14.9	0.1	34.1	50.9

数据来源：中华人民共和国国家统计局网站。

五、未来房地产需求与中国宏观经济

（一）城镇住房需求

1. 年龄结构与住房潜在需求

那么，未来中国房地产发展会具有怎样的前景呢？我们暂且不考虑投机因素，而仅仅从年龄结构来考察。2015 年底，中国 0 ～ 14 岁的人口约为 22715 万人，而 45 ～ 59 岁的人约为 31000 万人，那么到 2030 年（在不考虑各年龄段自然死亡率的情况下），14 ～ 60 岁 的人口将减少 8285 万人。如果将这一年龄段的人口视作劳动力人口，并按照 2015 年的经济活动率 83.7% 和劳动参与率 96.7% 折算，那么劳动力供给将减少约 6700 万人。按照 2015 年城乡就业人员比例，那么乡村就业人口将减少约 3200 万人，即可以被转移至城镇工作的总人口基数将减少 3200 万人，而 2015 年乡村就业人口基数为 3.7 亿人，也即意味着乡村就业人口基数减少不到 10%。但是，如果考察主要购房人群，状况又是怎样的呢？一般而言，25 ～ 39 岁是置业的高峰期，2015 年这一时间段的人口约 3.38 亿人，而 10 ～ 24 岁的人口约为 2.55 亿人，15 年内 25 ～ 39 岁的人口将减少 8300 万人，与劳动年龄人口变化基本一致。在不考虑城镇化进程的情况下，根据 2015 年城镇人口比重为 56.1% 测算，城镇人口将减少约 4600 万人，按照每家庭户 3 人和 15 年平均摊减，则每年减少约 100 万户。而过去 15 年内同样口径的城镇人口户数也有所减少，但是只减少约 23 万户。与此同时，乡村向城镇转移人口的年龄结构也在变化，假如他们的年龄结构和家庭户规模与城镇相同，并且按照每年转移 1000 万人口计算，那么每年减少约 24 万户住房需求者。事实上，随着城镇化进入后期，农村向城镇转移的就业人口越来越呈现老龄化，过去15年的农村转移人口年龄结构是非常年轻化的，而未来的老龄化趋势将非常明显，这些老龄化人口在城镇的购房能力和愿望都比较弱，从而新增城镇就业人口的住房需求事实上要比以上分析的情形更弱。

2. 购买能力与住房刚性需求

居民购房能力是将住房潜在需求转化为现实需求的必要条件。居民购房能力主要取决于三个方面的因素：一是居民收入水平，二是住房价格水平，三是借贷成本。2016年，城镇居民人均可支配收入名义增长率为7.8%，低于2015年的8.2%和2014年的9.0%，且呈现递减趋势（见图2-11）。在住房价格水平方面，更是不必多言，特别是2015年以来全国大中城市住房价格的普涨，使城市住房的房价收入比猛涨，严重削弱了居民的购房能力。1997—2015年，全国房地产开发企业商品住宅销售额减去本年投资完成额，总共剩余58100亿元，而2016年两者的差额达到30360亿元，也在一定程度上反映了2016年房地产市场的疯狂。事实上，根据中国社会科学院财经战略研究院《中国住房发展报告》课题组发布的2017年BHPI指数，样本城市京津冀综合指数上涨了63.94%，长三角综合指数上涨了51.58%，中部综合指数上涨了39.59%。北京2017年1月份住房中位数达到57568元，上海达到52429元，深圳达到48861元，而2016年这3个城市的城市居民可支配收入分别为57275元、54305元、48695元，按照每套住房80平方米来计算，一对夫妇在这3个城市购买住房分别需要40.2年、38.6年和40.1年，这样高的房价严重制约了住房的刚性需求，也决定了这些城市要么房价跌下来，要么工资涨上去，或者通过住房政策保起来。在借贷成本方面，由于住房按揭贷款占据了过多的金融资源，使实体经济的资金需求更趋紧张，以及为了保障金融安全加强去杠杆监管，住房按揭贷款的可获得性和利率已经有所提高，并且这种趋势有望持续下去，购买住房的借贷成本趋于上升，这也会削弱居民的住房购买能力。

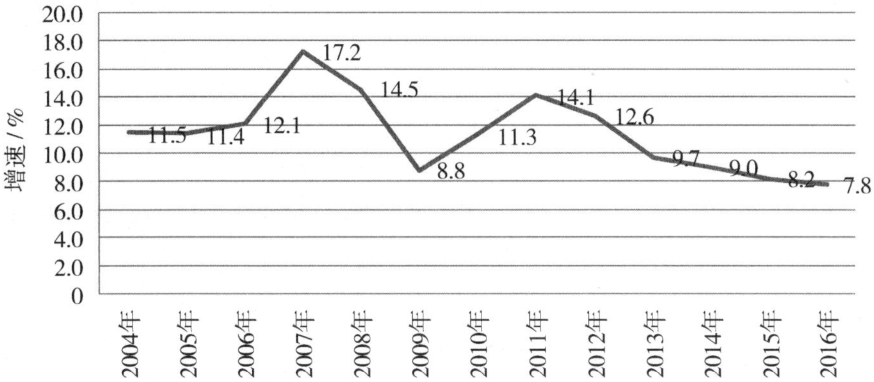

图 2－11　2004—2016 年城镇居民人均可支配收入增速

数据来源：Wind 资讯。

3．收益风险与房地产投资需求

推动房地产价格过度脱离合理区间而趋于泡沫化的重要动力之一就是规模庞大的投资或投机需求的存在。在城镇化快速推进、城市规模增大和居民收入水平提高的情况下，房地产价格本身就存在着逐渐攀高的趋势，当这种趋势为多数人所认知或认同的时候，借助于按揭贷款增加杠杆就可以获得远高于储蓄存款或其他投资方式所获得的收益。尽管如此，当房地产价格被迅速推到高位时，投资房地产的风险就会越来越大，而获得的收益也会越来越少。北京过高的房价收入比意味着住房刚需者越来越难以成为房地产的接盘者，房价的上涨逐渐进入击鼓传花的阶段，而这种脱离实际的虚拟房价很容易因受到某种外在冲击而崩溃。因此，对房地产的投资或投机的风险正在增加。同时，由于房地产价格已经很高，在当前的价格水平基础上如果在短期内再升高 1 倍，那么无论是出于投资需求还是刚性需求的购房者，都很难再愿意成为接盘者，而像北京、上海和深圳等城市，同等区位同等质量的房地产的价格自 2008 以来至少上涨了 5 倍，因此，投资房地产不仅风险增加，可能的收益也大幅下降。尽管如此，2016 年以来全国房价的疯狂上涨，刺激着越来越多人的神经，诱使更多的人关注房地产投资，房地产价格的泡沫化具有更坚实的非理性基础。对比来看，面对更高的风险和更低的预期收益，投资者正在分化，理性投资者将逐渐退出房地产投资，而非理性投资者仍然希望博得最后一杯羹。但总体而言，房地产的投资属性正在逐渐削弱，投资需求也趋于减少。

（二）住房需求与房地产投资

根据年龄结构的变化，未来 15 年居民对城镇住房的需求每年将减少超过 124 万户，不考虑租或售的话，按照户均 100 平方米的面积计算，住房面积需求将减少 1.24 亿平方米，2016 年全国住房竣工面积为 7.72 亿平方米，那么住房竣工面积下降到 6.48 亿平方米就基本上能够满足需求，下降幅度约为 16.1%。如果考虑到刚性需求和投资需求趋于疲弱，更多的居民转向对闲置存量住房的租赁，那么住房竣工面积将仍然有进一步下降的需要。住房的竣工或施工面积的减少，将直接对房地产投资产生不利影响。可以预计，除了个别房地产市场比较活跃的年份，同时不考虑土地等价格成本费用因素，房地产投资将不可逆转地转向低速增长，继而将呈现负增长。毕竟，包含建筑业在内的房地产业的发展壮大与城镇化阶段密切相关，它的发展速度在某些阶段可以远超国民经济其他部门，但是最终也将随着城镇化阶段逐渐进入后期乃至尾期而逐渐减慢。未来中国城镇化将逐渐进入中后期，房地产的趋势性衰落也将不可避免。但是，必须指出的是，由于中国的城镇化是不完全的，前文的论述并没有考虑这一因素，如果中国城镇化政策在未来某一时期逆转，更多农村转移出来的产业人口愿意而且能够选择完全城镇化的生活，那么房地产的衰落期将会推迟一段时期，甚至可以在未来 10 年内抵消城镇化速度减缓和年龄人口结构变化对房地产市场的不利影响。当前，国务院也正着力于这项工作，但是由于解决半城镇化问题涉及方方面面的问题，是一个复杂而缓慢的过程，它对房地产的推动力度将不能抵消城镇化周期和年龄结构周期对房地产的不利影响，只是能够对这些不利影响起到一定程度的缓冲作用罢了。

（三）房地产市场与中国宏观经济

根据以上的分析，未来中国房地产的发展随着城镇化阶段性和年龄人口结构的变化而将逐步放缓发展的步伐。这将对中国经济产生一系列的影响。房地产投资增速的下滑甚至转入负区间，对钢铁、水泥等上游行业将产生冲击，而居民购房数量的减少将抑制装修材料、家电和家具等行业的消费，中国经济的增长速度将因房地产周期的调整而略有下降。

房地产价格因素对中国宏观经济的影响也非常深刻。当前房地产价格已经聚集起了相当程度的泡沫，而房地产企业中以房地产形式存在的资产数额巨大，房地产在国民经济中还发挥着重要的增信作用，房地产价格的继续上涨对居民生活和产业活动都会产生非常负面的影响，但是过快下跌则会导致金融风险和经济危机。对于管理者来说，当前最紧要的，就是要尽力维持房地产价格的基本稳定，将其作为宏观经济调控和金融风险管控的最主要方面。

综合来看，房地产市场仍应是宏观经济调控要重点密切关注的领域，它是中国保持宏观经济基本稳定、顺利推进供给侧改革、为经济重新打开发展空间和增强市场活力的基本前提。其中，促进房地产需求的稳定释放是避免中国经济增长过度波动的根本保证，而促进房地产价格的基本稳定则是防止经济出现系统风险的根本保证。

第三章　房地产平稳发展与中国部门经济降杠杆

杠杆率一般指资产负债表中总资产与权益资本的比率。杠杆率具有明显的周期特点，即经济繁荣和资产价格上涨时，杠杆率趋于下降，而当经济萧条和资产价格下跌时，杠杆率趋于上升。然而，为了将杠杆率维持在一定预期空间，经济活动各部门在经济上升时期会努力提高杠杆率，以获得高杠杆率可能带来的更高的权益收益率；而在经济下行时期，会努力降低杠杆率，以避免权益收益率被过度侵蚀。但这种行为导致经济周期以更快的速度走向繁荣或萧条，加剧了经济波动的程度。鉴于当前中国经济部门广泛存在的“高杠杆”现象及其可能带来的危害，中央已经将其视为关乎经济和金融稳定的重大问题，并将“去杠杆”列为当前的五大任务之一，所以对中国经济部门杠杆率的规模和结构进行测算，以及就其可持续性进行剖析，特别是对房地产市场波动可能对杠杆率带来的影响予以准确把握，也就具有重要的现实意义。

一、中国部门杠杆率的测算

目前，对于经济整体杠杆率的讨论比较热烈，但是经济总体杠杆率具有不同的含义。如果将经济看作一个整体，不考虑对外债权或债务，那么一个经济体资产和负债是可以相互抵消的，最后计算的资产和权益是相同的，即经济总体杠杆率恒为 1，但这显然不是大家关注的杠杆率的概念。事实上，各方所关注的经济总体杠杆率通常是用各经济活动主体的资产、负债和权益的逐项累加而得到的结果。在这一过程中，无论借贷关系如何变化，权益（净资产）一定是不变的，但如果借贷活动趋于频繁或者借贷链条延长，由于资产和负债会被重复计算而不能相互抵消，杠杆率将会趋于上升。例如，如果 A 直接贷款给 C，整个社会的总资产增加额会等于贷款额，如果 A 先贷款给 B，再让 B 贷款给 C，整个社会的总资产增加额会双倍于原贷款额，即借贷的链条越长，整个社会的总资产增加额就越大，但社会总权益不变，用总资产与权益比率来表示的杠杆率也会大幅上升。这是杠杆率变动的最基本逻辑，也是纯粹资金流方面考察的杠杆率，如果再将产出等物流因素考虑进来，杠杆率的形成机制和影响将会变得更为复杂。

在讨论经济杠杆率的时候，很多人使用货币供应量占 GDP 的比重来观察杠杆率的高低以及可能带来的危害。这一指标无疑是很粗略的，不仅难以比较精确地衡量经济总体杠杆率，更难以区分通过不同活动形成的杠杆率所具有的作用或影响。在计算更能衡量各部门杠杆率的资产权益比率或者替代性资产负债率等指标时，由于许多经济部门的资产数据难以获得而使其准确计算几乎成为不可能。同时，考虑到偿债能力不仅和资产存量有关，也和收入流量有关，而社会总产出 GDP 正是这样一类流量指标，所以，通过研究有统计的负债同 GDP 的关系来分析经济部门的杠杆率，仍是当前通行的做法，而两者的关系也基本上可以反映经济部门杠杆率的高低及其偿债能力的变化。

（一）非金融部门企业的杠杆率

厂商部门是一个资金流入部门，无论是其他部门还是部门内部，购买厂商新增债权都会增加厂商部门的资产和负债，但权益不会改变，从而厂商部门杠杆率将上升。购买厂商新增股权都会增加厂商部门的资产和权益，但负债不会改变，从而厂商部门杠杆率将下降。如果只是买卖以某种形成存在的存量债权或者股权，厂商部门资产、负债和权益都不会改变，从而厂商部门的杠杆率也不会改变。表 3－1 描述了 2015 年和 2016 年各季度末非金融企业社会融资规模存量及结构的变化情况。由于表 3－1 所显示的股权融资主要是非金融企业在境内的股票融资，故未上市公司的股权融资并不能被有效描述。2016 年第 4 季度末，非金融企业债务融资额占非金融企业全部社会融资额的比重达到 95. 62%，其中各类贷款融资额又占到债务融资额的 85. 37%，通过金融机构进行贷款融资依然是大多数非金融企业的主要融资渠道。

2015 年，中国非金融企业债务融资余额与 GDP 比率为 205%，2016 年这一比率继续上升达到 210%。2016 年中国 GDP 增速虽略有放缓但依然处于较快增长，纯粹 GDP 增速的下降不足以使杠杆率上升这么多，促使债务杠杆率上升的主要原因应该是债务的较快增加，即非金融企业更大规模的举债，但新增加的债务并没有转化为有效资产而相应带来 GDP 的增加，相比往年，这些举债企业盈利减少甚至亏损，从而使资产和权益受到损害，致使企业杠杆率上升。

表3－1　2015和2016年各季度末非金融企业社会融资规模存量及结构

年份	债务融资			股权融资	
	各类贷款融资额/万亿元	非贷款债权融资/万亿元	合计比重/%	股票融资/万亿元	比重/%
2015年第1季度末	103.59	19.13	96.12	3.94	3.09
2015年第2季度末	106.82	19.66	96.04	4.16	3.16
2015年第3季度末	109.57	19.79	96.04	4.30	3.19
2015年第4季度末	112.09	20.48	95.97	4.53	3.28
2016年第1季度末	117.37	21.52	95.95	4.81	3.32
2016年第2季度末	120.72	21.07	95.81	5.13	3.47
2016年第3季度末	123.83	21.11	95.66	5.49	3.62
2016年第4季度末	127.33	21.82	95.62	5.77	3.70

数据来源：中国人民银行网站。

（二）政府部门的杠杆率

根据中国财政部的有关数据，2016年底全国政府债务余额达到27.33万亿元，债务余额占GDP的比重即政府负债率达到36.7%，其中，地方政府债务余额为15.32万亿元，占地方综合财力的比重即债务负担率为80.5%。这些指标都低于主要市场经济国家和许多新兴市场国家。然而，由于地方政府融资举债行为的不规范，特别是地方政府对融资平台公司、PPP项目和政府投资基金等进行担保或隐性担保，使非显性债务并不能在公开的地方债务余额中得到显示。2015年8月29日，十二届全国人大常委会第十六次会议提到2014年底地方政府或有债务为8.6万亿元，由于或有债务没有限额，可以推知或有债务势必会以比显性债务限额更快的速度增长，2016年底超过10万亿元。综合考虑地方政府的显性债务和隐性债务，估计地方政府债务余额占地方综合财力的比重超过130%，全国政府债务余额占GDP的比重将超过50%。

参照1991年奠定欧盟基础的《欧洲联盟条约》（又称《马斯特里赫特条约》），中国债务负担率并没有超过条约中设定的60%的上限，特别是中国GDP增长速度较快，只要债务余额上升势头得到有效控制，动态来看负债率也将趋于下降。不过，中国政府债务规模中地方政府债务规模占比过大，不同地方政府债务规模与地区生产总值和地方财政收入的比率又存在较大差异，区域结构性违约风险不容小觑。同时，结构性风险存在偿债资金和到期债务的期限错配，债务问题的集中兑付可能引起的动荡也最终将会引发系统的经济风险，这一点也是值得警惕。

（三）居民部门杠杆率

居民部门作为整体是一个资金流出部门，任何一笔资金的流出，都只是转变了居民部门资产和权益的持有形式，当获得股息或利息时，将同时增加其资产和权益的规模，资产和权益的比率将恒为1。但是，每个居民都会作为个体从事借贷款活动，居民资产、负债和权益的逐项累计将使该部门的资产和权益发生变化，杠杆由此产生。我们根据中央银行公布的金融机构本外币信贷收支表考察居民部门的杠杆情况。图3-1描述了住户本外币贷款余额占金融机构全部本外币贷款余额的比重及占住户本外币存款余额的比重。2007—2015年，住户本外币贷款余额占金融机构全部本外币贷款余额的比重呈现逐渐上升的趋势，这一比重在2007年底为18.2%，2015年底上升到27.2%，2016年底进一步上升，表明居民部门负债增长要快于其他部门负债的增长；同样，住户本外币贷款余额占住户本外币存款余额的比重也呈现类似的走势，由2007年底的28.2%上升到2015年底的49.0%，2016年进一步上升。

居民债务的增长主要源于住房按揭等中长期贷款，汽车贷款也是另一个重要来源。

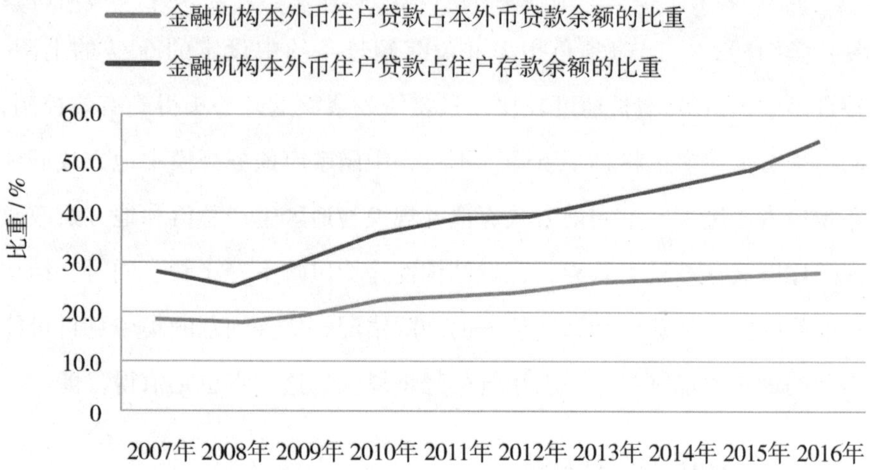

图 3－1　2007－2016 年金融机构住户本外币贷款余额的变化情况

数据来源：中国人民银行网站。

（四）房地产部门的杠杆率

我们主要考察房地产开发企业的杠杆率问题。房地产开发部门是资金密集型的经济活动部门，同时由于生产的房屋这一产品又属于折旧期限很长的固定资产，其生产和交易所需资金的规模是非常庞大的，任何企业或个人都难以全部或者主要通过自有资金来完成房屋的生产和交易，从而借助高杠杆就是不可避免的。图 3－2 描述了 2000—2015 年房地产开发企业与工业企业资产负债率的对比情况。2015 年，全国房地产开发企业资产负债率达到 77.7%，比全国工业企业资产负债率高出 21.1 个百分点，同时相比 2000 年提高了 2.1 个百分点，而同期全国工业企业资产负债率相比 2000 年下降了 4.2 个百分点。2015 年底，全国房地产开发企业总负债达到 42.9 万亿元，而同期全国规模及以上工业企业负债总额只有 57.9 万亿元，房地产开发企业负债竟然达到规模及以上工业企业负债的 74.1%。可见，房地产部门无论是相对杠杆率还是绝对杠杆水平，都达到了一个非常高的水平，不得不令人警惕。

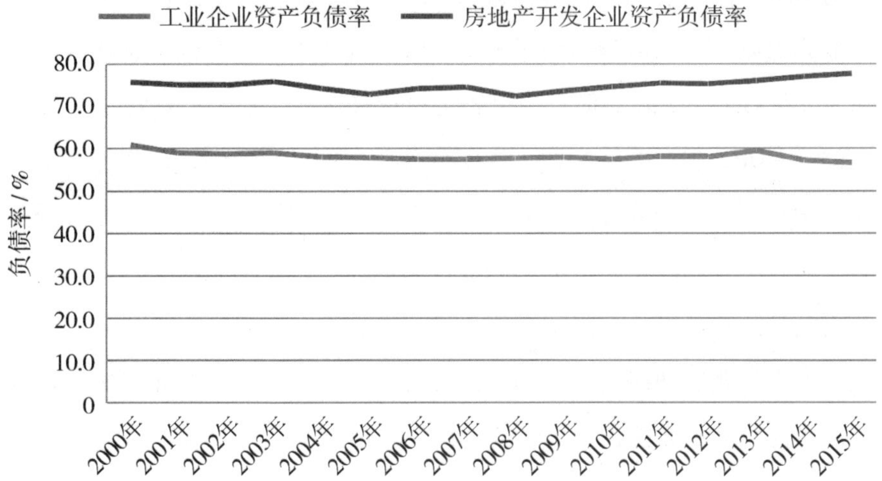

图 3-2　2000-2015 年房地产开发企业与工业企业资产负债率比较

数据来源：Wind 资讯。

二、中国部门杠杆率的可持续性

以上我们分析了不同经济部门债务负担和杠杆率的基本情况。尽管严格来说，部门杠杆率应该使用本部门资产与权益的比率来表示，或者至少应该用资产、负债和权益任何两者的比率来直接或者间接衡量杠杆率，但是由于居民部门和政府部门等部门的资产和权益并不容易准确统计，同时也不便于从总体上来考察经济总杠杆率，所以采用各部门负债占 GDP 的比重就是一种较好的衡量方法，毕竟各类债务的偿还最终还是要靠各部门从 GDP 中得到的产出份额。2016 年非金融企业债务融资余额与 GDP 的比率为 205.0%，政府部门债务余额占 GDP 的比重最少为 50.0%，居民部门对银行等存款性机构的债务余额占 GDP 的比重为 44.3%，三部门合计债务余额占 GDP 的比重为 299.3%。按照收入法核算的 GDP 由工资、利息、利润、租金、间接税和企业转移支付、折旧等部分组成，居民债务的偿还主要依赖工资收入，非金融企业债务的偿还主要依赖利润，政府债务的偿还主要依赖税收。还有一些经济活动并不创造 GDP，但是会影响收入在不同部门之间的再分配，也值得高度关注，例如直接税和部分费用的征收、土地使用权转让等，就具有再分配的性质。尽管如此，经济活动创造产出的能力以及各部门从产出中可以分得的份额仍是影响部门偿债能力的主要因素。

那么，我们如何认识中国当前债务率水平和增长情况呢？尽管可统计的三部门债务余额占 GDP 的比重已经达到 299.3%，但是这一比率并不是直接衡量三部门债务偿还能力的指标。尽管总体偿还能力主要受各部门组织收入能力的影响，这种组织收入的能力在很大程度上依赖于 GDP 的高低，但是由于各部门偿债能力不同，债务组成的部门结构也会明显影响到偿还能力，也会因此而影响到债务的可持续性。

非金融企业部门的债务率是最值得关注的问题，这主要是因为非金融企业是组织生产和创造产出的直接主体，其债务除了一部分以流动资产的形式存在外，更多是以固定资产甚至专用资产的形式存在，这种债务结构极易受企业经营状况和现金流的影响。通常来说，企业会在不包含固定成本时的盈亏平衡线处停止生产，如果在此盈亏平衡线下继续生产，企业不仅会亏损相当于折旧费的固定成本，而且还会亏损部分流动成本。从现金流的角度讲，在此盈亏平衡线下，无论企业生产还是不生产，企业的现金流都将变得很匮乏，要么不计成本地持续介入更大规模的新债偿还旧债，要么开始处置售卖固定资产或者流动资产来获取现金收入，但最终的结果都是走向破产倒闭，继而引发真正的债务偿付危机。当前不同部门和性质的企业的债务率也不相同，经营状况也存在较大差异，那些产能绝对过剩行业中的亏损严重的企业将面临最大的债务危机，那些产能相对过剩行业中的市场竞争力较弱的企业也难以熬过市场不景气期，它们都是最需要关注的对象。因此，部分企业的债务不具有可持续性，企业需要及时处置，以防积累更多债务而陷入更大的债务偿付危机并危及金融系统稳定。

政府部门债务中，最需要警觉的是其中的地方政府债务。2016 年有债务的地方政府债务余额远超过地方财政预算收入。动态来看，地方财政预算收入的增速将呈趋势性下降，特别是用于偿还债务的最主要资金来源——国有土地使用权出让收入更会出现连续性负增长。现有 26 万亿元的地方债务余额对于地方政府而言无疑是一项沉重的负担，同时为了发展的需要，地方政府需要一定数目的再融资也必不可免，从而使债务偿付压力很大。不过，只要债务期限和利息的安排足够合理，地方债务发生较大规模违约的概率也很小，特别是中央和地方财政收入的可能重新划分，也将会大幅增强地方债务的偿还能力，毕竟从全国来看，政府部门的总体债务率还在完全可控的区间范围内，当然一个前提是地方政府新增债务需要得到有效的控制。

居民部门的债务是当前各类债务中风险最小的。从存量来看，改革开放以来，居民部门保持了较高的边际储蓄倾向，居民部门存款额保持在一个相对较高的水平，虽然居民债务余额不断攀升，但占居民存款余额的比重也只有 55.0%。从增量看，近年居民收入水平也在不断提高，2015 年劳动者报酬占 GDP 的比重已经超过 48.0%，收入水平的上升有利于提高居民部门的偿债能力。不仅如此，中国居民部门举债的目的主要是购置房地产或者汽车等资产，较少用于纯粹的消费，所以举债本身也为居民部门带来了一定的资产，而近些年房地产价格的上升也进一步降低了居民债务偿付的风险。但是，由于居民部门内部的收入分配差距较大，那些举债购置房地产的居民通常没有充足的储蓄，所以当房地产价格出现向下大幅调整时，在房地产价格高位置业的居民将无法覆盖风险头寸，从而有可能发生债务偿付危机。不过总体来看，居民债务偿付风险仍然是各部门中最小的，通过促进居民部门加杠杆来促使其他部门降杠杆仍然是化解结构性高杠杆率的一个可行之举。

房地产开发企业债务的风险在各类债务中是最具有系统性的，从而也是最值得警惕的。从某些方面来看，房地产开发企业的债务所对应的资产可处置性最强，在正常时期其安全边际较高，因为这些资产大部分是在建或已建的房屋或者持有的土地，面临财务困难时易于转让，而不像工业资产那样因资产专用性而难以处置。但是，这仅仅是就个体在正常时期而言，如果房地产市场发生根本性逆转，甚至哪怕短期的系统性崩盘，这些债务所对应的房屋或土地等资产就难以有效处置，债务违约将会迅速传染，进而引发更大的经济危机。如果说系统经济危机是难以避免的，那么中国经济危机的引发最可能的因素还是房地产市场，而房地产开发企业的债务将首当其冲地受到威胁。因此，为了金融和经济稳定，房地产开发企业的去杠杆也势在必行。

三、房地产市场发展与中国杠杆率的提高

以上分析了相关经济部门的经济杠杆率的水平及风险情况，那么，中国房地产市场发展对以上各部门的杠杆率的形成究竟发挥了什么样的推波助澜的作用？房地产市场的剧烈波动对高杠杆率下的中国经济及其

各部门又会产生什么样的影响呢?

房地产市场的发展特征主要体现在两个方面：一是房地产价格基本上呈现大幅持续上涨的走势；二是伴随中国城镇化的进程房地产建设规模不断扩大。房地产市场的发展对中国高杠杆率的形成至少体现在三个方面：一是房地产价格的坚挺强化了房地产作为资产抵押物的属性，促进了抵押融资规模的增长；二是房地产规模的扩大使房地产交易和销售规模也随之不断扩大，需要媒介的资金规模也迅速增长；三是房地产的发展所需资金规模的扩大迫使央行增加货币投放，整个社会信用规模趋于不断攀升。由于以上三个方面的影响，房地产市场的发展对中国经济部门的杠杆率的攀高产生了重要影响。

非金融企业部门的杠杆率看似与房地产市场没有必然联系，而主要是受企业性质和经营因素的影响，但是当我们对其进行深入剖析，仍可以发现房地产市场对其所产生的影响。一是源于房地产价格上涨的传导作用，二是源于房地产市场的金融加速器效应，三是源于房地产市场的行业关联效应。房地产价格推动了土地租金上升和劳动力成本上涨，企业投资或生产需要更多的资金以维持正常的运营。在这一方面来说，工业企业由于工业地价受政府控制，受到的冲击相对较少，但是很多位于城市化区域的第三产业企业，则明显受到土地租金及由此带来的房屋租金的冲击，对债权资金的需求也不断攀升。房地产价格的上涨使房地产成为更为优质的抵押物，非金融企业融资更为便利，在扩张期就会大量举债进行再投资，但是一旦房地产市场逆转，企业资产和收入可能缩水，而负债却不会相应调降，杠杆率就会升高。再有就是与房地产发展关系密切的上下游行业企业，例如钢铁和水泥等建材企业，由于受房地产市场波动的影响显著，在房地产市场突然由繁荣转向萧条的时期，已经扩展了的产能无法有效在短期内收缩，企业盈利能力下降，现金收入流萎缩，企业所需要的维持资金也会突然暴增，从而使资产负债率迅速攀高。例如，2008 年，黑色金属冶炼及压延加工业资产负债率为 61.7%，2011 年上升到 67.6%，此后略有下降，但 2016 年仍然达到 66.6%。由此可见，非金融企业中与房地产市场关联密切的行业，杠杆率的升降与房地产市场的波动关系甚为密切。

政府债务与房地产市场的发展更是存在着千丝万缕的联系，以致于有“房地产绑架地方政府”的说法。地方政府对债务的需求多是源于城市建设的需要，而债务的举借又多是凭借地方财政的担保，从而地方财政的兴衰是决定地方政府债务高低和债务风险的关键。表 3－2 描述了房地产开发企业缴纳的税费与地方政府财政收入的关系。国有土地使用权出让金是地方政府的重要基金收入来源，2015 年地方政府国有土地使用权出让金达到了 30783.80 亿元，而同期包含了税收返还和中央转移收入的地方公共财政收入共计 138099.55 亿元，前者占后者比重达到 22.3%，土地使用权出让金收入对于地方政府的重要作用可想而知。其中，房地产开发企业土地购置费构成了国有土地出让金的主要部分，2010 年占比 35.5%，2015 年占比达到 57.4%，房地产开发活动在所谓的“土地财政”中扮演了重要的角色。不仅如此，由于房地产开发企业所缴纳的营业税、代缴纳的契税等，基本都属于地方税种，房地产开发企业所缴纳的经营税金与附加直接进入到地方公共财政收入中。2015 年房地产开发企业经营税金与附加达到 6202.38 亿元，占地方公共财政收入的 4.5%，成为地方财政收入的重要部分。那么，房地产税费与地方政府债务的形成存在怎么样的内在联系呢？地方债务主要用于城市建设，公共财政一般不予以安排相应偿还资金，其偿还主要依赖于地方政府基金收入，或者说，依赖于房地产开发企业缴费收入，因此地方债务的形成在很大程度上与地方对房地产税费的预期收入有关，是未来房地产税费收入流的现值化，并数倍于年度房地产税费规模。在这种情况下，一旦房地产市场逆转，土地使用权出让金下降，房地产缴纳的其他税费减少，地方政府用以偿债的收入来源将趋于枯竭，债务风险将凸显。正是在这个意义上，我们说地方政府债务问题实质是房地产市场发展的问题，房地产市场的发展促使地方债务不断攀高，最终风险的可能引爆也将源于房地产市场的逆转。

表 3－2　2010－2015 年房地产开发企业缴纳的税费与地方政府财政收入

年份	土地购置费用/亿元	房地产开发企业经营税金与附加/亿元	国有土地使用权出让金/亿元	地方公共财政收入/亿元
2010 年	9999.90	3464.66	28197.70	72954.13
2011 年	11527.25	3832.98	31140.42	92468.32
2012 年	12100.15	4610.87	26652.40	106439.97
2013 年	13501.73	6204.18	39072.99	117031.08
2014 年	17458.53	5968.43	40385.86	127467.62
2015 年	17675.44	6202.38	30783.80	138099.55

数据来源：Wind 资讯。

居民部门债务杠杆率的高低更是直接受到房地产市场发展状况的影响，主要是受房地产成交数量和成交价格的影响。自 1998 年住房货币化改革以来，家庭按揭贷款制度被引进来，并成为推动房地产市场发展的重要动力，但同时也增加了家庭的债务规模。在合理的房地产价格下，家庭债务规模的大小主要和购买房地产的家庭户数有关，但是，当房地产价格脱离合理区间趋于泡沫化时，家庭购入房地产将不得不申请更多的按揭贷款，偿债负担将明显增加。现在社会上有一种观点认为，其他部门应该降杠杆、居民部门应该升杠杆。从居民部门整体来看，居民部门仍拥有很高的净储蓄，但是从家庭个体来看，家庭的债务杠杆率已经非常高，所以简单地认为居民部门应该升杠杆的观点是片面的。不仅如此，由于房地产价格的持续上涨，部分居民的投资投机心理也日趋严重，通过购房和持有房地产坐等升值以实现资产保值增值目的的家庭急剧增加，这些家庭的杠杆率之高令人咋舌，而且投资投机目的非常明确，一旦房地产市场发生逆转，这些家庭不仅将承受极大的财产损失，而且这种损失也很有可能向银行等金融系统蔓延。因此，房地产市场的活跃和房地产价格的上涨，不仅迫使刚需家庭债务杠杆率被动提高，而且还使许多投资投机家庭主动增加债务杠杆率，因此居民部门债务杠杆率的偏高主要是结构性的，而且在房地产市场逆转时风险也有向金融系统转移的可能。

房地产开发企业杠杆率的升高与房地产市场的结构性变化有关。一是房地产市场规模的扩大，使房地产开发企业自有资金和新增利润无法跟上市场的发展步伐，不得不通过举债来筹措资金。二是中国房地产市场的发展是爆发性的，等不及市场上已存在的房地产开发企业的逐步发展壮大，而是吸引越来越多的项目型房地产开发企业进入，渐渐抬高了整体杠杆率。三是土地价格不断攀升使房地产开发企业不得不支付更多的前期开发费用。土地费用占据了房地产开发企业成本的很大比重，同时又是前期支付的费用，迫使房地产开发企业不得不通过各种举债手段来筹措资金，从而也导致房地产开发企业的杠杆率不断攀升。因此，房地产市场规模的过快膨胀和房地产价格特别是土地价格的过快上涨，都是推动房地产开发企业杠杆率提高的因素，而在房地产开发企业杠杆率不断攀升的情况下，房地产市场的逆转将使房地产开发企业数十万亿元的负债的清偿成为问题。

四、房地产市场的规范发展与去杠杆

正是因为房地产市场的发展与国民经济各部门经济杠杆率的升降和金融安全存在着重要的联系，所以促进房地产市场的规范，避免经济部门杠杆率的继续攀升甚至促使其平稳下降，才日益显得重要。

（一）促进房地产的平稳发展，避免过快发展带来的价格和结构风险

政策过于宽松导致的房地产市场的爆发式发展，除了将促使房地产价格的暴涨，价格趋于泡沫化，从而增加泡沫破灭风险外，还使房地产开发企业自有资金无法匹配资产，不得不负债经营，同时缺少资金的项目型开发企业也会混入市场，使房地产部门的杠杆率升高。同时，房地产市场的过快发展也会使房地产关联行业企业和地方政府产生盲目乐观预期，刺激他们通过举债来扩大生产或者投资，从而促使其杠杆率不断攀升。房地产市场的过快发展导致价格上涨，也会诱使更多的家庭加入投资投机行列，部分家庭的杠杆率也会变得畸高。因此，房地产市场的发展一定要注重平稳，特别是到城镇化后期，更需要谨慎，因为此时房地产推升的高杠杆率将无法通过发展的方式来减轻或化解。

（二）需求管理而不是供给管理应该成为促进房地产市场规范发展的主要方面

促进房地产市场的平稳发展，无疑需要需求管理和供给管理并举，但是，这并不等于说要并重。总体而言，房地产的供给缺乏弹性，特别是在短期内更是如此；而房地产需求却是波动剧烈的，是导致房地产市

场失衡的主要因素。只有房地产的需求得以有效控制，房地产市场才能趋于平稳，房地产价格和部门杠杆率不断攀高的趋势才能得到控制。进行需求管理应重点关注以下方面：一是推行并坚持行政性限购措施，在整个城镇化推进过程中，一定程度上限制跨区域买卖房地产，限制投资或投机；二是开征房地产税和提高按揭贷款利率，提高购买和持有房地产的成本，降低投资净收益；三是完善房地产出租市场，提高房地产租售比，强化租户权益保障，赋予租户享受与购房者同等的公共服务权利。

（三）合理控制地方政府债务，准确测算财政偿债能力

地方政府为了发展的需要，适度举债也是非常必要的。但是，由于预算的软约束和地方领导任期制的存在，过度举债成为普遍现象。针对这种情况，一棍子打死，禁绝地方债也是不可取的，更为可取的办法是，制定一套指标体系，根据地方经济发展情况和财政收入创造能力，测算地方财政的可负担债务规模，在此基础上确定具有约束力的债务融资规模上限。同时，明确地方财政对平台公司等企业一切或明或暗的担保，杜绝隐性债务的滋生和蔓延。由于房地产税费收入在地方财政中扮演着重要角色，要做到这一点，就特别要求对房地产税费收入情况进行较为准确的预测。

（四）限制过度投机，控制居民部门债务的结构性增长

面对火热的房地产市场诱惑，许多家庭通过使用高杠杆率对房地产进行投资和投机，致使居民部门存在结构性高杠杆率，增加了居民自身和金融系统的风险。针对这种情况，要对居民的房地产需求进行精准的结构性调控，对于第二套或多套房的投机性购买，要严格控制按揭贷款

规模或者提高贷款利率，而对刚需者给予贷款优惠。要做到这一点的难处是如何准确区分投机需求和刚性需求，以及如何完善金融政策的执行，避免存在漏洞而影响政策效果。可以考虑对于拥有两套或者多套房者，不仅在购买时适用高利率和高首付，而且这些房屋的再次售卖，无论接盘者是刚需者还是投机者，一律也适用高利率和高首付，避免通过再售卖来实现政策规避目标。其他的限制性政策也可照此遵行，使其具有随房转移的功能。

（五）提高房地产企业自有资金比率，增加债务违约成本和降低债务偿还风险

在适度控制需求、保持房地产市场稳定发展的前提下，要提高房地产企业自有资金的比率，鼓励其通过股权式融资降低债务杠杆率。提高权益比率和降低杠杆率主要是为了预防房地产系统风险或者企业经营风险对债权人带来的危害，权益比率的提高相当于企业经营和债务偿还之间的一道坝墙，一方面增加了房地产开发企业倒闭或跑路的成本，避免恶意跑路等行为的发生，另一方面在风险来临时，可以使债权人的权益得到更大程度的保护。2015 年房地产开发企业的资产负债率平均达到 77.7%，那么部分企业的资产负债率则可能更是高得离谱，抱着“能赚就赚，不能赚就跑”的无赖心理从事项目开发的企业应不在少数，必须促使这些企业提高自有资金比率，否则对其实行坚决的市场禁入处罚。

第四章　房地产投资与产出波动关系的一般均衡研究

一、研究背景和文献回顾

自2000年以来，中国城镇化进入了一个加速发展阶段，特别是房地产价格的飞涨进一步刺激了房地产市场，导致房地产投资高速增长。1998年，房地产开发企业投资完成额占全国固定资产投资的比重只有12.7%，到2011年已经上升到19.8%，即使在2014年房地产投资增速大幅回落的情况下，这一比重仍然高达18.5%。从增速来看，2000—2014年，房地产开发企业投资完成额平均增长23.4%，比同期国内生产总值名义平均增长率14.2%高出了9.2个百分点。房地产投资的高速增长在这一时期迅速扩大了国内需求，对同期经济增长的直接贡献无疑也是巨大的，被各级政府和部分学者视为国民经济的支柱产业。然而，从长期来看，房地产投资对经济发展的作用究竟又是什么样的？房地产投资增速的剧烈波动对经济稳定运行是否会产生潜在的重大威胁呢？这些问题都不能单纯从需求角度来回答，而是需要从国民经济各变量间相互影响的角度进行研究和探索。

房地产发展与国民经济的关系是国内外许多学者热衷于研究的问

题，他们尝试依据本国或多国数据来探讨房地产投资与经济增长的关系。Green（1997）利用美国 1959—1992 年的季度数据，运用 Granger 因果关系检验方法对住宅投资与产出的关系进行考察，得出了住宅投资有利于促进经济增长的结论。Coulson 和 Kim（2000）使用 Granger 因果关系检验、方差分解和脉冲响应方法在更长的时期内考察了美国住宅投资与产出的关系，进一步验证了 Green 关于住宅投资对产出有促进作用的研究结论。Miles（2009）通过向量自回归方法考察了住宅投资与美国经济的长期关系，发现住宅投资在美国经济周期波动中发挥着重要的作用，并且具有明显的顺周期特征。Liu（2002）利用 Granger 检验方法研究了中国房地产投资与经济增长的关系，发现两者存在着互为因果的关系。这些研究大都得出了房地产投资对经济增长具有促进作用的结论。黄中华等（2008）采用 1997—2006 年中国 31 个省区市的面板数据分析了全国及区域层面房地产投资对经济增长的影响，其研究结果表明，尽管东部地区、中部地区和西部地区房地产投资和经济增长的关系存在一定差异，但是总体来看无论是全国还是分区域，房地产投资都能引起经济增长。陆菊春等（2008）也得出了与黄中华等人基本相同的结论。不过，也有研究指出，经济增长对房地产投资的带动作用要超过房地产投资对经济增长的促进作用。沈悦和刘洪玉（2004）对中国房地产投资与经济增长的关系进行研究后发现，经济增长对房地产投资具有单向因果关系，经济波动对房地产投资波动的影响较大。陈淑云和付振奇（2010）也指出经济增长促进了房地产投资的增加，但房地产投资对经济增长的直接拉动力较弱。况伟大（2011）使用中国 35 个大中城市 1996—2007 年的数据考察了房地产投资、房地产信贷和经济增长的关系，认为经济增长对房地产投资的影响大于房地产投资对经济增长的影响，房地产投资波动将引起经济增长较小的波动。张清勇和郑环环

（2012）利用中国省级数据对住宅投资与经济增长的领先—滞后关系进行分析后指出，经济增长引领住宅投资的单向 Granger 因果关系是稳定的，找不到证据支持住宅投资带动经济增长的论点。

研究结论的不同在很大程度上取决于研究者使用的研究方法，也在一定程度上取决于他们所使用的不同国度不同时期的数据。但是，从更深层次来看，研究结论的差异事实上反映了房地产投资与经济增长之间的复杂关系。从局部均衡角度来看，当房地产投资增加时，作为支出法衡量的产出的组成部分——社会总投资自然也会增加，在当期无疑会直接促进产出的增长。如果用于研究的计量经济模型建立在局部均衡方法论基础上，并且进行的只是短期分析，那么很容易得出房地产投资对经济增长具有正向影响作用的结论。但是，由于房地产投资的增加可能会减少可用于设备投资等生产性投资的份额，而且也会对消费产生某种程度的挤出效应，所以在一般均衡的意义上，房地产投资对经济增长的影响并不是确定的，特别是在长期内更是如此。例如，Kim（2004）对韩国 1970—2004 年的季度数据进行研究后，就认为住宅投资的增长根本不是国民经济增长的源动力，而只是国民经济增长的衍生物。Burns 和 Grebler（1977）对多个国家的数据进行研究，认为住宅投资占 GDP 的比重与经济发展水平存在倒 U 形曲线关系，这一比重达到某个峰值后会随着经济增长而下降。这一倒 U 形关系事实上表明，房地产投资在长期内与产出存在着某种稳定关系，房地产投资在某个时期的过度增长可能会降低未来时期的经济增长率，因此刺激房地产投资在长期内对经济增长并不会产生明显的促进作用。

在研究房地产投资与经济增长之间的因果关系的基础上，许多研究者进一步测算了房地产投资与经济增长的数量关系。刘洪玉和张红（2006）测算得出 1998—2001 年中国房地产开发投资对经济增长的平均贡献率为 14.3%。梁云芳等（2006）通过实证研究得出了 2004 年中国房地产投资对经济增长的贡献率为 28.5%。再如，王维安和贺聪（2004）认为 2003 年中国经济增长中的 19% 的份额是由包括房地产投资在内的房地产业创造的。倪鹏飞主编的《住房绿皮书：中国住房发展报告（2014—2015）》测算了 2000—2014 房地产开发投资对经济增长率的直接贡献情况，指出房地产开发投资对经济增长的拉动点数最大的年份是 2010 年，达 2.44 个百分点，对经济增长的贡献度为 22.2%，拉动点数最小的年份是 2014 年，只有 0.48 个百分点，贡献度也只有 6.5%。

以上所述的相关研究，尽管从多个角度对房地产投资与经济增长的关系展开了分析，为我们了解和进一步研究两者之间的关系提供了丰富的研究视角，但是这些研究大都立足于局部均衡角度来考察房地产投资与经济增长的关系，所以无法在一般均衡的意义上更深入地阐释两者之间的关系。因此，本章尝试从一般均衡的视角，通过建立理论模型和使用数值模拟的方法，来研究房地产投资特别是房地产投资倾向变化对经济增长之间的影响，探索两者之间相互影响的动态机制和影响程度。

二、理论模型和比较静态分析

（一）理论模型

$t+1$ 期设备资本增长率是上一期设备资本增长率、上一期房地产资本增长率、上一期剩余产能利用率的函数。设备投资增速：

$$\frac{I_{t+1}^{e}}{K_{t+1}^{e}} = a\frac{I_{t}^{e}}{K_{t}^{e}} + b\frac{I_{t}^{h}}{K_{t}^{h}} + d(\mu_{t} - \mu_{0}) \tag{1}$$

I_t^e 是 t 期设备投资，K_t^e 是 t 期设备资本存量，I_t^h 是 t 期房地产投资，K_t^h

是 t 期房地产类资本存量，μ_t 是 t 期产能利用率，μ_0 是理想的产能利用率。系数 a、b 和 d 都大于0。

房地产投资倾向 h 和消费倾向 c 保持不变；产能利用率与资本产出比保持一定的比例关系：

$$I_t^h = hY_t \tag{2}$$

$$C_t = c\,Y_t \tag{3}$$

$$\mu_t = \frac{Y_t}{\beta K_t^e} \tag{4}$$

其中，C_t 是 t 期消费，Y_t 是 t 期产品。系数 h、c 和 β 都大于0。

产出恒等式、投资恒等式、资本和投资的关系，分别由式（5）至式（7）来表示：

$$Y_t = C_t + I_t^e + I_t^h \tag{5}$$

$$K_{t+1}^h = K_t^h + I_t^h \tag{6}$$

$$K_{t+1}^e = K_t^e + I_t^e \tag{7}$$

（二）模型稳态

在稳态时，t 期设备资本增长率和房地产资本增长率都与 $t+1$ 期资本增长率 $i_t^e = \frac{I_t^e}{K_t^e}$ 相同。由公式（1）可得均衡设备资本增长率：

$$i^{e*} = d(\mu^* - \mu_0) \div (1 - a - b) \tag{8}$$

将式（2）、式（3）、式（4）、式（6）代入产出恒等式（5），进行化简，并结合稳态条件，可得：

$$c + i^{e*}\mu^*\beta + h = 1 \tag{9}$$

由式（8）和式（9），经过一系列运算，可以得到 i^{e*} 和 μ^* 的表达式：

$$i^{e*} = \frac{d\mu_0\beta(1-c-h)}{d-\beta(1-c-h)(1-a-b)} \tag{10}$$

$$\mu^* = \frac{d\mu_0}{d-\beta(1-c-h)(1-a-b)} \tag{11}$$

（三）比较静态分析

根据式（8），如果要保证 $i^{e*} \geqslant 0$，那么就需要 $(1-a-b)>0$；由于消费和房地产投资只是全体产出的一部分，所以消费倾向和房地产投资倾向之和小于0，从而有 $(1-c-h)>0$。我们考察当期房地产投资倾向（h）变动和均衡设备资本增长率（产出增长率）及均衡产能利用率的相应变化情况：

$$\frac{\partial i^{e*}}{\partial h} = -\frac{d^2\mu_0\beta}{[d-\beta(1-c-h)(1-a-b)]^2} \tag{12}$$

$$\frac{\partial u^*}{\partial h} = -\frac{d\mu_0\beta(1-a-b)}{[d-\beta(1-c-h)(1-a-b)]^2} \tag{13}$$

由于各系数都大于0，并且 $(1-a-b)>0$ 和 $(1-c-h)>0$，所以式（12）和式（13）也都小于0，即当 h 增加时，均衡设备资本增长率和均衡产能利用率会倾向于降低，而当 h 减少时，均衡设备资本增长率和均衡产能利用率会倾向于升高。

当 h 增加时，即房地产投资占产出的比重上升，会使产出中用于设备投资的部分比重降低，相应设备资本积累规模减小，由于产出的增加与当期设备资本规模存在一定的比例关系，因此均衡产出增长率下降，均衡设备资本增长率也随之下降。在超意愿产能利用率（$\mu_t-\mu_0$）对设备投资的推动作用（d）没有变化的情况下，均衡设备资本增长率的下降，也使均衡产能利用率没有必要维持在高位，相应地引起均衡产能利用率的下降。

这一推论表明，尽管房地产投资占产出比重的提高，在短期内会促使设备投资和产出以更高的速度增长，但是当经济恢复稳态后，却又会降低均衡设备资本增长率和均衡产出增长率。当然，我们的推论是建立在充分就业条件下的，对于当前中国劳动力依然过剩的情况，房地产投资增长的促进作用的增强，会在更长的时间内提高中国的设备资本增长率和产出增长率。不过，当经济恢复稳态时，设备资本增长率和产出增长率将趋向于降低的推论并不会改变。这种推论也适合于均衡产能利用率的情形，当前中国很多行业的产能过剩即是这种均衡产能利用率降低的典型表现形式。

三、动态一般均衡随机系统与参数校准

1. 包含随机变量方程系统的构造

为了更加深刻地了解房地产投资倾向变化对设备投资和产能利用率的动态影响情况，我们在上述模型中对房地产投资倾向和消费倾向加入随机冲击，即视 h 和 c 都为一个随机变量，利用中国数据来考察房地产投资对设备资本积累率、产能利用率的影响，继而考察对产出增长率的影响。假设随机变量 h 和 c 都遵从 $AR(1)$ 的形式：

$$\ln h_t = (1 - \varrho_h)\ln \bar{h} + \varrho_h \ln h_{t-1} + \varepsilon_{h_t} \tag{14}$$

$$\ln c_t = (1 - \varrho_c)\ln \bar{c} + \varrho_c \ln c_{t-1} + \varepsilon_{c_t} \tag{15}$$

其中，随机项 ε_{h_t} 和 ε_{c_t} 服从期望为0、方差为 σ_e 的正态分布，$\bar{h}$ 和 $\bar{c}$ 分别为房地产投资倾向和消费倾向的稳态值。

我们将式（1）至式（7）经过一系列的运算，将之改造成一个包含设备资本增长率 i_t^e 、房地产资本增长率 i_t^h 、产出总增长率 y_t 、产能

利用率μ_t四个变量的方程系统，其中，$i_t^e = \frac{I_t^e}{K_t^e}$，$i_t^h = \frac{I_t^h}{K_t^h}$，$y_t = \frac{Y_t}{Y_{t-1}}$。该系统与式（14）和式（15）一起构成一个包含随机变量冲击的动态方程系统：

$$i_{t+1}^e = a\, i_t^e + b\, i_t^h + d(\mu_t - \mu_0) \tag{16}$$

$$\frac{\mu_t}{\mu_{t-1}} + \mu_t\beta(1 - c_{t-1} - h_{t-1}) = y_t \tag{17}$$

$$i_t^h(1 + i_{t-1}^h)h_{t-1} = h_t\, y_t\, i_{t-1}^h \tag{18}$$

$$c_t + h_t + \frac{i_t^e}{\mu_t\beta} = 1 \tag{19}$$

2. **参数校准**

式（14）至式（19）的方程系统中，有a、b、d、μ_0、β等参数。本章主要考察房地产投资、工业企业设备投资和工业企业产能利用率之间的关系。我们首先通过中国相关历史经济数据来直接确定理想产能利用率μ_0和β的值，然后再建立单方程的计量模型来测量a、b、d的值。

我们利用国家统计局网站及其公布的其他相关数据整理得到1979—2014年规模以上工业企业主营业务收入和工业企业固定资产原值的数据，然后将两者的比率进行H－P滤波分解，再以由此得到的周期性分序列数据除以两者相应年份的比率作为调整项计算滤波后的工业企业主营业务收入和工业企业固定资产原值的比率，视由此所得到的最大值作为100%的基准产能利用率，依次计算历年的产能利用率情况，再将历年产能利用率的平均值作为理想产能利用率μ_0的值。计算的结果是：1993年产能利用率最大，为100%；1999年产能利用率最小，只有67.0%；历年平均产能利用率为83.1%，即μ_0等于83.1%。在计算β的过程中，我们首先根据国家统计局网站和中经网统计数据库的相关数据测算了2000—2014年的工业增加值和工业资本形成总额，然后利用2000—2014年工业增加值的历年新增部分平均值作为Y，以2000—2014年工业资本形成总额的平均值作为K，然后再将$\frac{Y}{K}$除以2000—2014年的平均产能利用率0.832，得到$\beta=0.31$。只利用新增的资本形成额和新增的工业增加值来计算β的好处是，可以避免测算全部工业固定资本的数值，而这种测算是一个经验上的重大难题。

我们在式（16）的基础上建立单方程回归模型来估计a、b和d。由于测算设备资本存量和房地产资本存量也是一个经验难题，为了数据的准确性和可靠性，我们利用1987—2014年设备投资增长率、房地产投资增长率和剩余产能利用率来对这一方程进行估计。事实上，投资增加额与新增资本存量的关系同全部投资与全部资本存量的关系一样，长期来看具有逻辑上和数量上的一致性。用于方程估计的数据来自国家统计局网站及其公布的相关数据。其中，设备投资增长率采用的是固定资产投资完成额中的设备工器具购置增长率数据，房地产投资增长率采用的是房地产开发企业投资完成额增长率数据，剩余产能利用率是我们上文计算的历年产能利用率与理想产能利用率的差额。但是，在估计过程中发现同期设备投资增长率与房地产投资增长率、剩余产能利用率之间存在较强的相关关系，即解释变量存在多重共线性，不能直接利用OLS方法估计回归方程，同时为了获得设备投资增长率与上一期房地产投资增长率、上一期产能利用率的相关系数，也不宜删掉任何一个解释变量，所以我们采用岭回归方法来对之进行估计。运用MATLAB软件编程，根据岭参数k变动时岭迹变化的稳定情况，选取$k=0.3$，最后进行岭回归得到a、b和d的估计值分别为0.332、0.618和0.346。

为了估计ϱ_h和ϱ_c，我们分别将式（14）和式（15）调整为下面的式

(20) 和式 (21) 的形式，并以式 (20) 和式 (21) 作为估计方程进行一阶自回归分析。房地产投资倾向 h_t 和消费倾向 c_t 分别以 1986—2014 年的房地产企业开发投资占国内生产总值比重和最终消费占国内生产总值比重来表示，相应数据来自国家统计局网站。最终估计结果得到，ϱ_h 的取值为 0.89，ϱ_c 的取值为 0.97。

$$(\ln h_t - \ln \bar{h}) = \varrho_h (\ln h_{t-1} - \ln \bar{h}) + \varepsilon_{h_t} \tag{20}$$

$$(\ln c_t - \ln c^-) = \varrho_c (\ln c_{t-1} - \ln c^-) + \varepsilon_{c_t} \tag{21}$$

式 (16) 至式 (21) 是一个由 6 个非线性方程构成的动态系统。在稳态值的基础上，对这 6 个非线性方程在变量稳态值附近对数线性化，可以得到有关 6 个变量波动的动态线性理性预期方程系统。然后，我们根据 Uhlig (1999) 的方法对线性方程动态系统进行参数校准和数值模拟。

四、脉冲响应分析

比较静态能够从理论上阐明参数变化对内生变量稳态值的影响情况，但是却无法描述参数变化过程中内生变量波动的情况。脉冲响应函数分析可以弥补这一缺憾，它能够动态地描述冲击发生后参数及各内生变量变化的轨迹，清晰阐释变量间的动态作用和反应过程。

图 4－1 描述了模型变量对房地产投资倾向 h_t 单位正向冲击发生时的脉冲响应。房地产投资倾向 h_t 上升的当期，将立即伴随着房地产资本增长率 i_t^h 的上升，由于消费倾向 c_t 是外生变量，根据式 (19)，设备资本增长率 i_t^e 或者产能利用率 $\mu_t\beta$ 必须做出反应。事实上，根据图 4－1，此时设备资本增长率出现了下降，由于设备资本增长率下降的幅度超过

了房地产资本增长率的上升，产能利用率也出现了较小程度的下降，最后的结果是产出增长率也出现了一定程度的下降。但是，根据式（15），在冲击发生的第二期，房地产投资倾向 h_t 就开始回落，即相对于冲击发生的当期，房地产投资倾向事实上下降了，房地产资本增长率 i_t^h 也相应地出现下降，主要受上一期设备资本增长率和产出下降的影响，第二期设备资本增长率较稳态值仍然是下降的，但是相对于上一期，下降幅度明显减小。由于上一期设备资本增长率较稳态值下降较多，影响了第二期的生产能力，在第二期设备资本增长率虽然较稳态值有所下降，但较上一期设备资本增长率而言事实上是回升了，所以，冲击发生的第二期产能利用率迅速得到提升，并促使产出增长率趋于上升。从冲击发生的第三期开始，各个变量的数值都开始逐步向稳态值逼近。因此，来自房地产投资倾向 h 的正向冲击，在当期会导致产出增长率的下降，但第二期开始产出增长率将随着房地产投资倾向 h 向稳态值的回落而出现恢复性的上涨。这与前文描述的比较静态的结果是一致的，那里的分析指出当期房地产投资倾向 h 的提高会导致设备资本增长率、产能利用率的下降，这里的分析进一步指出了产出增长率也是下降的。不过，此后随着房地产投资倾向 h 的回落和向稳态值的逼近，产出增长率和产能利用率才又开始出现上升，而设备资本增长率的下降也会出现趋势性减缓。

图 4－2 描述了模型变量对消费倾向 c_t 的单位正向冲击时的脉冲响应。当消费倾向 c_t 上升时，用于设备投资和房地产投资的份额降低，设备和房地产资本增长率下降，消费的增加无法抵消设备和房地产资本增长率下降的影响，产能利用率和产出增长率都出现了下降。在冲击发生的第二期，消费倾向 c_t 开始向稳态值回落逼近，设备资本增长率受上一期设备资本增长率、房地产资本增长和产出利用率回落的影响仍然

比稳态值明显要低，但却比上一期设备资本增长率有所提高，但由于消费倾向 c_t 向稳态值回落，消费需求减少，产能利用率虽然出现向稳态值回升逼近的趋势，但是仍然明显低于稳态值，产出增长率较上一期出现更大程度的回落，在房地产投资倾向 h_t 不变的情况下，房地产资本增长率进一步回落。不过从第三期开始，各个变量的数值都开始逐步向稳态值逼近。因此，在均衡的状态下，消费倾向的增加由于可用于资本增长的产出份额减少，对产出增长率的影响无疑是负面的。

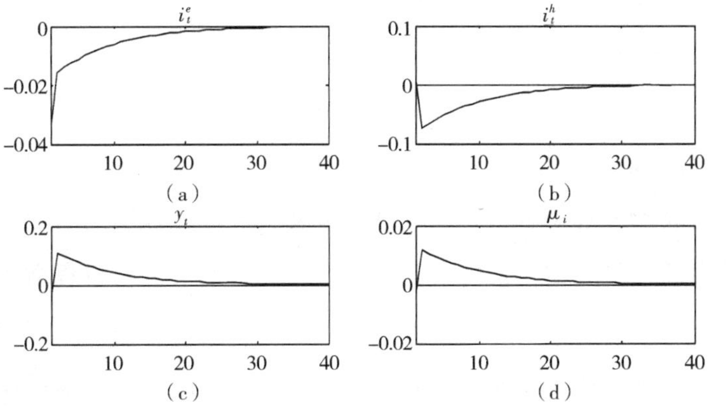

图 4－1　模型变量对房地产投资倾向 h_t 正向冲击的脉冲响应

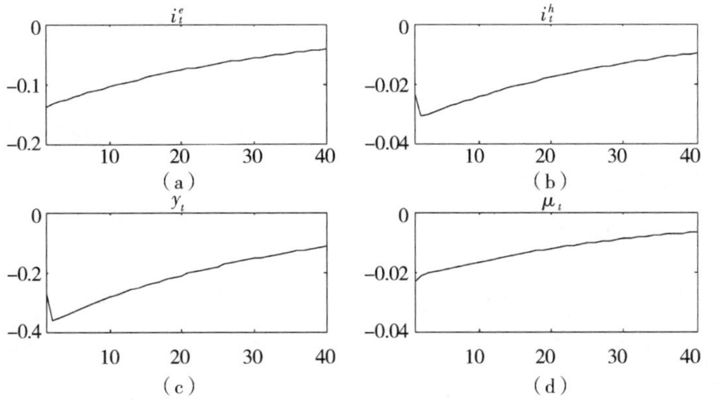

图 4－2　模型变量对消费倾向 c_t 正向冲击的脉冲响应

上述脉冲响应分析表明，房地产投资倾向提高在当期将提高房地产资本增长率，并降低产出增长率，但随着房地产投资倾向的回落，房地产资本增长率开始低于稳态值，产出增长率却开始高于稳态值。此后大致在第三、四期时回到稳态值附近。这一变化轨迹表明，一般均衡的框架下房地产投资与产出存在的是一种负向作用关系，而不是诸多文献采用局部均衡分析时描述的正向作用关系。

五、基于中国数据的检验

上述模型是建立在一般均衡分析基础上。但是，由于中国还处于发展中阶段，劳动力等生产要素经常呈现非充分就业状态，房地产投资的增加首先表现为总需求的增加，继而带动生产设备投资的增加。由于主要是原来的过剩劳动力被配置到房地产投资和生产设备投资活动中，房地产投资对经济增长的影响将首先表现为通过提高总需求促进增长。上述模型的某些结论与这一事实看似存在一定的差距。如何解释这一现象呢？上述模型更多地是从生产的角度来论述房地产投资的作用，运用这一模型考察变量之间的关系需要暂时先抛开房地产投资和设备投资增长带来的需求效应，只有这样才能观察到房地产投资是如何通过影响设备投资而对经济增长产生影响的。为了检验模型结论的适用性，我们拟利用中国的有关数据对其进行进一步的检验。

1. 模型的设定

基于前述模型，我们主要通过考察房地产投资和设备投资对产出的不同影响，来探讨房地产投资在经济增长中所发挥的作用。为了对比，本章设定了两个计量模型——模型①和模型②，分别从需求和生产两个角度来研究房地产投资对产出的影响情况。

模型①：$gdp_t = \alpha_0 + \alpha_1 houseinvest_t + \alpha_2 houseinvest_t \times equipinvest_t = \mu_t$

模型②：$gdp_t = \beta_0 + \beta_1 equipinvest_{t-1} + \beta_2 houseratio_{t-1} \times equipinvest_{t-1} + \varepsilon_t$

其中，在模型①中，gdp_t 代表 t 期产出增长率，$houseinvest_t$ 和 $equipinvest_t$ 分别代表 t 期房地产投资增长率和设备投资增长率，交叉项 $houseinvest_t \times equipinvest_t$ 衡量 t 期房地产投资通过影响设备投资对产出所带来的需求效应。在模型②中，$houseratio_{t-1}$ 代表 $t-1$ 期房地产投资占总产出的比重，即房地产投资倾向，交叉项 $houseratio_{t-1} \times equipinvest_{t-1}$ 衡量 $t-1$ 期房地产投资倾向通过影响设备投资对产出所带来的生产效应。由于模型①主要测量当期房地产投资对当期产出的影响，因此模型①属于需求模型，而模型②主要测量上一期设备投资和房地产投资倾向对当期产出的影响，因此模型②属于生产模型。

2．**变量说明和数据来源**

本章采用包含 31 个省市的面板数据来估计模型①和模型②，样本期为 2003—2014 年。*gdp* 用各省市名义国内生产总值增长率来表示，数据来源于中国知网《中国经济与社会发展统计数据库》；*houseinvest* 用各省市房地产开发企业住宅投资增长率来表示，数据来源于中经网统计数据库；*houseratio* 根据各省市国内生产总值和房地产开发企业住宅投资两类数据计算而得；*equipinvest* 用各省市全社会固定资产投资设备工器具购置投资来表示，其中 2003—2011 年数据来源于中国知网《中国经济与社会发展统计数据库》，2012 年和 2014 年数据根据中经网统计数据库中的固定资产投资（不含农户）中的设备工器具购置投资增长率进行套算而得。

3．**模型估计及结果**

本章首先用 eviews 软件对各序列的平稳性进行了检验，结果发现，除了 *houseratio* 外，*gdp*、*houseinvest* 和 *equipinvest* 都是平稳序列，同时交叉项 $houseinvest_t \times equipinvest_t$ 和 $houseratio_{t-1} \times equipinvest_{t-1}$ 也都是平稳

的。由于 houseratio 并不直接进入任何一个模型中，两个模型都可以直接进行估计。为了确定是选择固定效应模型还是随机效应模型更加合适，本章又通过 STATA 软件对两个模型进了 hausman 检验，发现两个卡方统计值分别为 1.12 和 7.91，都大于各自临界值水平，从而拒绝适用随机效应的原假设，即两个模型都应该采用固定效应模型。[①] 当对两个固定效应面板模型估计后，经检验都同时具有异方差和序列相关。由于我们所使用面板数据 N 大 T 小，并且样本时期 T 也较短，故可以基本不考虑序列相关问题，但异方差问题需要给予足够的重视。因此，我们再次使用 STATA 软件对带有异方差调整的固定效应模型进行估计。估计结果如表 4－1。

表 4－1　房地产投资与产出增长关系的检验

变量	因变量 gdp_t	
	模型①	模型②
$houseinvest_t$	0.0504356*** (2.99)	
$equipinvest_{t-1}$		0.0686627** (2.15)
$houseinvest_t \times equipinvest_t$	0.0006279* (1.88)	
$houseratio_{t-1} \times equipinvest_{t-1}$		－0.0067486* (－1.73)
$constant$	14.83314*** (27.94)	16.33618*** (33.64)

注：***、**、* 分别代表系数估计值在 1%、5% 和 10% 的统计水平上显著，括号内为 t 统计值。

从表 4－1 中模型①的估计结果可以看出，房地产投资增长率与同期产出增长率具有正相关关系，并且在 1% 的统计水平上显著；同时交

① 由于篇幅所限，此处没有详细列明检验结果。如有需要请向作者函索。

叉项 $houseinvest_t \times equipinvest_t$ 系数估计值为正，表明房地产投资增长还通过带动同期设备投资需求的增长，使产出进一步增长。模型②则表明，上一期设备投资的增长也会带动当期产出的增长，这是因为上一期设备投资会扩大未来生产能力，并且这种相关关系在5%的统计水平上显著。但是，模型②还显示，交叉项 $houseratio_{t-1} \times equipinvest_{t-1}$ 的估计系数为负值，即上一期房地产投资倾向的提高会抑制上一期设备投资的增长，继而对当期（t 期）产出增长带来负面影响，并且这种相关关系在10%的统计水平上显著。

从模型①和模型②估计结果的对比中我们能得出什么结论呢？模型①主要从需求的角度表明，在像中国这样一个仍然处于发展过程中、还拥有大量过剩的劳动力等生产要素的经济体中，房地产投资的确可以通过需求效应明显地促进当期经济增长。但是，模型②则从生产的角度表明，房地产投资如果过多占用生产资源，导致房地产投资倾向过高，也会对生产性投资产生抑制作用，从而抑制长期经济增长。因此，我们应该这样认识房地产投资与经济增长的关系：在一个资源充分就业的经济体中，房地产投资过度增长会对生产性投资产生挤出效应而导致经济增长率的下滑；同时，即使在一个存在过剩生产资源的经济体中，虽然房地产投资可以通过需求效应促进短期经济增长，但如果房地产投资过度占用产出资源，即房地产投资倾向持续提高，也会造成所谓的经济虚拟化，对经济长期增长产生不利的影响。

六、结论

本章的研究表明，在一般均衡的情况下，房地产投资倾向的持久提高会降低均衡产出增长率，只有房地产投资倾向受到暂时性冲击并向稳态值回落的过程中，才可能在某段时期内提高产出增长率，而这也是以冲击初始发生时产出增长率的下降为前提的。事实上，在一般均衡的情况下只要房地产投资倾向的变化导致了房地产投资增长率的上升，就会降低产出增长率，只有在房地产投资倾向的变化导致了房地产投资增长率下降时，产出增长率才会有所提高。因此房地产投资倾向与产出之间存在的是一种负向作用关系。

房地产投资是构成全社会投资需求的重要组成部分，这使得人们往往产生一种错觉，即增加房地产投资就一定可以提高总需求，从而加快经济增长。对于资源非充分就业和住房需求依然旺盛的中国而言，提高房地产投资对设备投资的挤出效应较弱，往往能够更容易地促进经济增长，所以刺激房地产投资也经常被作为宏观调控的重要政策措施。这种刺激在短期的确能够通过提高总需求而暂时提高经济增长率，但是，由于人口规模和人口结构的前定性，住房需求的总量基本是一定的，住房购买的提前实现无疑会减少未来住房的购买数量，降低未来的房地产投资需求，并对经济长期增长带来不利影响。不仅如此，本章的研究表明，即使在短期，由于房地产投资的增加对设备投资具有一定的挤出效应，房地产投资增长率的过度提高将降低设备投资增长率，损及实体经济，导致经济虚拟化，从而降低经济增长率。过去几年中国就存在较严重的经济虚拟化情况，只是由于房地产投资增加带来的当期需求效应更加显著，从表面上观察房地产投资的增加仍然刺激了短期的经济增长，所以使人们对这一问题的重视程度不够。

房地产投资倾向的过度提高会通过需求效应对产出增长产生促进作用，但更可能会通过挤出效应降低资源配置效率而对潜在产出增长产生负面影响，而且资源越接近充分就业，房地产投资倾向与产出增长率越是呈现出一种负向关系。本章的这一研究结论具有重要的政策含义，即不仅试图通过增加房地产投资来促进经济长期增长的做法是行不通的，而且通过增加房地产投资来促进经济短期增长的效果也不像人们观察到的那样显著，并且极易损及实体经济和带来经济虚拟化，特别是随着中国过剩要素资源越来越少的情况下更是如此。不过，这一结论也不是要全盘否定刺激房地产投资在宏观调控中的作用。在经济过度急剧下滑的时期，一定程度上刺激房地产投资仍然有助于稳定经济增长，或者，在房地产市场低迷期导致房地产投资增速急剧下滑并对经济稳定产生威胁时，也需要采取一定的措施稳定房地产投资以达到“稳增长”的目的。但是，所有这些做法只能局限于某一特定时期，并且只能作为短期政策措施，切不可过度使用或使其长期化。

第五章　偏好冲击、资本积累与中国产出波动

一、研究背景和文献回顾

自改革开放后，中国经济高速增长，1978—2014 年平均增速超过 9.8%，特别是自 2000 年以来，中国城镇化进入了一个加速发展阶段，同时对外贸易也呈现井喷式增长，进一步带动了产出水平的提高。与此同时，中国最终消费占国内生产总值的比重开始降低，而资本形成、货物和服务贸易净出口占国内生产总值的比重开始上升。其中，资本形成占国内生产总值的比重在 2011 年达到 48.3% 的峰值，而货物和服务贸易净出口在 2007 年达到 8.8% 的峰值。事实上，2000—2014 年，中国全社会固定资产投资平均增速达到 21.8%，而社会消费品零售总额平均增速只有 14.4%，增长速度的显著差异致使投资消费结构发生了巨大改变。尽管如此，自 2011 年以来，中国全社会固定资产投资增速开始出现明显回落，特别是 2015 年和 2016 年，分别回落至 9.8% 和 7.9%，相比 2009 年接近 30.0% 的增速差距甚远，成为中国经济由高速向中低速换挡的重要推力。究其原因，短期内投资的这种剧烈变化主要还是由需求侧因素引起的：一方面，内需对汽车和房地产等大宗商品的

需求增长速度趋于放缓；另一方面，国际对中国制造的产品需求增长乏力甚至萎缩，直接导致了中国投资的显著回落。2000—2011 年，中国城镇家庭对家用汽车的需求增速一直维持在 20% 以上，2012 年以来已经降低到 20% 以下。同时，2015 年和 2016 年，中国出口贸易额按美元计算已经处于负增长区间，这与曾经动辄 30% 甚至 40% 以上的增速相比，具有天壤之别。

学术界对中国资本迅速积累或显著放缓的动力给予了足够的关注和研究。张军（2002）认为中国的过度工业化是导致资本形成加快和资本—产出比率上升的根本原因，并指出过度依靠投入的增长缺乏全要素生产率的相应改善，因此资本的过快积累具有不可持续性。中国社会科学院经济增长前沿课题组（2003）则指出中国经济发展过程中存在着低价工业化和高价城市化，即农民工等要素成本低廉，而房地产等城市化成本高，因此这种结构调整的累积效应也带来了资本的快速形成。王小鲁和樊纲（2000）则认为结构性变革和技术改革是推动经济增长的重要因素，而资本形成正是推动经济结构性变革的重要源泉。这些研究从不同的角度指出，以工业化特别是重工业化为特征的经济结构转变是中国资本积累率上升的主要影响因素。

促使中国工业化特别是 2000 年以来重工业化进程迅速推进的因素又是什么？黄晓玲（2002）论述了对外贸易对一国资本积累的重要意义，指出对外贸易的作用不仅仅局限于通过出口货物换取进口资本品，而且出口部门的发展创造出新的国内需求，进一步带动国内投资，出口本身就具有促进国内要素形成的作用。熊晓琳（2008）也指出一国工业化的兴起与对外贸易的发展及壮大有着内在的因果关系，并运用中国的数据对其进行了实证分析，结果表明中国的工业化进程与对外贸易等解释变量存在长期稳定的因果关系。除了对外贸易对一国的工业化进程有显著的影响外，城市化也通过扩大需求对一国工业化进程产生重要影响。黄群慧（2006）指出城市化与工业化存在一种动态演进关系，在工业化和城市化初期，工业化影响和推动城市化是重要特征，而在中后期，城市化进程会逐渐加快，以追赶乃至超过工业化进程的速度推进。他继而比较了1952—2005年中国工业化率和城市化率的变动情况，证明“九五”和“十五”期间城市化率与工业化率的差距明显缩小。城市化进程的加速不仅缩小了与工业化进程的差距，而且也推动了房地产和汽车等耐用品行业的发展，进一步带动了工业化特别是重工业化的发展。中国的发展事实上印证了以上研究关于城市化和对外贸易与资本积累及经济增长关系的论断。

然而，消费结构的改变和对外贸易出口对于资本积累的意义并不相同，以上研究的结论有助于解释资本积累的增加，但对于资本形成比重上升的解释能力仍显不足。汪同三和蔡跃洲（2006）验证了城镇居民收入水平的提高将导致投资结构中重工业相对比重的加大及引致投资结构重化的倾向。这是因为居民收入的提高将使其更加偏好耐用品消费。耐用品消费的相对增加不仅会带动上游产业（通常是重工业）资本积累的绝对增加，而且由于重工业属于资本密集型产业，资本积累相对于劳动力供给也是增加的，因此将提高资本形成的比重而降低消费的比重。对外贸易如果存在较大的顺差，那么通常只会降低国内消费占GDP的比重，并不必然推动资本形成比重的上升，只有出口产品主要是重工业产品时，才会促进资本形成比重的上升。虽然谭本艳（2008）论证了出口贸易增长对中国资本形成总额有积极促进作用，但并没有直接证明出口贸易对资本形成占GDP比重有什么样的明确影响。事实上，当一个经济体面临消费偏好和对外出口等需求的冲击时，即使这些冲击对产出的最终影响可能是一致的，但是作用机制仍将有重大区别。

为了更深刻地理解消费偏好变化对资本积累所产生的效应，以及由此对产出带来的影响，本章尝试在一个 DSGE 模型的框架下对偏好冲击与资本积累和产出波动之间的关系进行深入的研究，并在此基础上利用中国的相关数据展开实证分析。本章的结构安排如下：第一部分是研究背景和文献回顾；第二部分构建一个包含耐用品和非耐用品两个生产部门的 DSGE 模型；第三部分是参数校准和贝叶斯估计；第四部分模拟分析消费偏好冲击对资本积累和产出波动的影响情况；第五部分是实证分析；第六部分是结论。

二、理论模型

我们在动态随机一般均衡模型框架下，在 Sidrauski（1967）所提出的货币效用模型（Money in the Utility Function，MIU）的基础上，讨论需求偏好变化对资本积累继而对产出波动产生的影响。新构建的模型对于 MIU 模型的修正之处主要表现在两个方面：一是将 MIU 模型中的家庭、厂商和政府三部门的假设调整为包含家庭、厂商和对外贸易部门的三部门假设，并相应调整了中央银行的货币投放渠道，即由弥补政府赤字进行货币投放调整为购买由贸易顺差带来的外汇储备而进行货币投放；二是将 MIU 模型中的单一生产部门扩展到包含耐用品和非耐用品两个生产部门，以研究消费者对耐用品和非耐用品偏好的改变导致的需求结构的变化，进而研究这种需求结构的变化对资本积累和产出波动的影响。

（一）基本模型

1. 生产部门

假定生产部门是由完全竞争厂商组成。耐用品和非耐用品生产厂商的技术都具有道格拉斯生产函数形式。如果用 n 下标表示生产非耐用品的部门，用 d 下标表示生产耐用品的部门，令 $j\epsilon\{n,d\}$，则代表性厂商的生产函数为：

$$y_{j,t} = A_{j,t}\, k_{j,t}^{\ \alpha_j}\, l_{j,t}^{1-\alpha_j} \tag{1}$$

α_j 是要素的产出弹性，并有 $\alpha_n < \alpha_d$。技术 $A_{j,t}$ 会受到随机冲击，并且冲击遵从 $AR(1)$ 的形式，即有：

$$\ln A_{j,t} = \varrho_j \ln A_{j,t-1} + \varepsilon_{j,t}$$

在完全竞争条件下，资本和劳动可以在两部门间自由流动，代表性企业产出被资本和劳动分配净尽，即最大化利润为零，故有：

$$r_{j,t} = A_{j,t}\, \alpha_j\, k_{j,t}^{\alpha_j - 1}\, l_{j,t}^{1-\alpha_j} \tag{2}$$

$$w_{j,t} = A_{j,t}(1-\alpha_j)\, k_{j,t}^{\alpha_j}\, l_{j,t}^{-\alpha_j} \tag{3}$$

其中，$r_{j,t}$ 、$w_{j,t}$ 分别是 j 部门资本边际产出和劳动边际产出，$k_{j,t}$ 是 j 部门代表性厂商的资本存量，$l_{j,t}$ 是代表性家庭在 j 部门的劳动时间。

2. 家庭部门

经济体有大量相同的无限期界的家庭，每一期它们都以价格 P_{dt} 购买 $y_{d,t}$ 单位的耐用品，以价格 P_{nt} 购买 $c_{n,t}$ 单位的非耐用品。家庭耐用品的动态积累方程为：

$$c_{d,t} = (1-\omega)\, c_{d,t-1} + y_{d,t} \tag{4}$$

其中，ω 是耐用品的折旧率。式（4）也构成对家庭消费行为的一个约束条件。

代表性家庭成员在每一时期具有 1 单位劳动，但在劳动需求约束下只能供给 $l_t < 1$ 单位的劳动，并且劳动在两部门间可以自由流动。我们假定代表性家庭消费在相应的预算约束下最大化，其跨期效用函数：

$$U_i = E_i \sum_{t=i}^{\infty} \beta^{t-i} \left[\frac{c_{n,t}^{1-e}}{1-e} + e_t \frac{c_{d,t}^{1-\eta}}{1-\eta} - \left(\frac{l_{n,t}^{1-\mu}}{1-\mu} + \frac{l_{d,t}^{1-v}}{1-v} \right) + \frac{\left(\frac{m_t}{p_{n,t}} \right)^{1-\tau}}{1-\tau} \right] \tag{5}$$

其中，$\beta\epsilon$（0，1）是主观贴现因子，$c_{n,t}$是非耐用品，$c_{d,t}$是耐用品，$l_{n,t}$和$l_{d,t}$分别是家庭在非耐用品部门和耐用品部门的劳动时间并为家庭带来负效用，$\frac{m_t}{p_{n,t}}$为家庭持有的实际货币余额。e 和 η 分别是耐用品和非耐用品的跨期替代弹性，μ 和 v 分别是为耐用品和非耐用品部门提供的劳动的跨期替代弹性，τ 为货币需求弹性。其中，e_t 是耐用品偏好系数，它是一个随机变量，并遵从 AR（1）的形式：

$$\ln e_t = (1-\varrho_e)\ln\bar{e} + \varrho_e \ln e_{t-1} + \varepsilon_{e,t} \tag{6}$$

$\varrho_e\epsilon$（－1，1）为自回归系数，$\bar{e}$ 为常数，$\varepsilon_{e,t}$是均值为零、方差为 σ_e 的 i. i. d 的过程。

家庭面临的预算约束为：

$$c_{n,t} + \frac{P_{d,t}y_{d,t}}{P_{n,t}} + k_{n,t+1} + k_{d,t+1} + \frac{M_t}{P_{n,t}} = l_{n,t}w_{n,t} + r_{n,t}k_{n,t} + (1-\delta_n)k_{n,t} + \frac{P_{d,t}l_{d,t}W_{d,t}}{P_{n,t}} + \frac{P_{d,t}r_{d,t}k_{d,t}}{P_{n,t}} + (1-\delta_d)k_{d,t} + \frac{M_{t-1}}{P_{n,t}} \tag{7}$$

其中，δ_n、δ_d 分别是非耐用品与耐用品生产部门资本存量的折旧率。

家庭在预算约束下效用最大化的一阶条件为：

$$e_t c_{d,t}^{-\eta} - \frac{c_{n,t}^{-e}P_{d,t}}{P_{n,t}} + (1-\omega)\beta E_t \frac{c_{n,t+1}^{-e}P_{d,t+1}}{P_{n,t+1}} = 0 \tag{8}$$

$$l_{n,t}^{-\mu} - c_{n,t}^{-e}w_{n,t} = 0 \tag{9}$$

$$l_{d,t}^{-v} - \frac{c_{n,t}^{-e}w_{d,t}P_{d,t}}{P_{n,t}} = 0 \tag{10}$$

$$c_{n,t}^{-e} - \beta E_t c_{n,t+1}^{-e}\left[r_{n,t+1} + (1-\delta_n)\right] = 0 \tag{11}$$

$$c_{n,t}^{-e} - \beta E_t c_{n,t+1}^{-e}\left[\frac{P_{d,t}}{P_{n,t}}r_{d,t+1} + (1-\delta_d)\right] = 0 \tag{12}$$

$$\left(\frac{M_t}{P_{n,t}}\right)^{-\tau} - c_{n,t}^{-e} + \beta E_t \frac{c_{n,t+1}^{-e} P_{n,t}}{P_{n,t+1}} = 0 \tag{13}$$

3. 中央银行

中央银行主要通过购买外汇来投放基础货币，并通过提高金融机构存款准备金率等方式对货币乘数进行调节，以冲销部分购买外汇投放的过多货币。假定贸易顺差是外汇的主要来源，从而中央银行可以根据贸易顺差的规模来投放基础货币。因此，中央银行的货币投放规则为：

$$e_t = \frac{M_t - M_{t-1}}{P_{n,t}} \tag{14}$$

其中，e_t 表示实际贸易顺差。中央银行通过购买贸易顺差形成的外汇来发行基础货币。由于贸易顺差在特定时期主要取决于本国和世界他国的经济增长，如果某国经济受到冲击，则贸易顺差也会产生波动，贸易顺差会面临一定的随机冲击。因此，e_t 是一个随机变量，服从随机过程：

$$\ln e_t = (1 - \varrho_e)\ln \bar{e} + \varrho_e \ln e_{t-1} + \varepsilon_{e,t} \tag{15}$$

随机项 $\varepsilon_{e,t}$服从期望为0、方差为 σ_e 的正态分布。假设 x_t 为货币增长率，即 $x_t = \frac{M_t}{M_{t-1}}$，则有：

$$e_t = \frac{(x_t - 1)\ M_{t-1}}{P_{n,t}} \tag{16}$$

4. 均衡条件

非耐用品的市场均衡条件为：

$$c_{n,t} + i_{n,t} + i_{d,t} = y_{n,t} \tag{17}$$

其中，$i_{n,t}$ 表示第 t 期的非耐用品部门投资，$i_{d,t}$ 示第 t 期的耐用品部门投资，并且有 $i_{n,t} = k_{n,t+1} - k_{n,t}$，$i_{d,t} = k_{d,t+1} - k_{d,t}$。

（二）非线性动态方程系统与对数线性化

上述模型包括：$k_{n,t}$，$k_{d,t}$，$l_{n,t}$，$l_{d,t}$，$r_{n,t}$，$r_{d,t}$，$w_{n,t}$，$w_{d,t}$，$c_{n,t}$，$c_{d,t}$，$y_{n,t}$，$y_{d,t}$，$\frac{P_{d,t}}{P_{n,t}}$，$\frac{M_t}{P_{n,t}}$，x 等15个内生变量和 e_t，$A_{n,t}$，$A_{d,t}$，e_t 等4个外生随机变量，是一个由19个非线性方程构成的动态系统。在稳态值的基础上，对19个非线性方程在变量稳态值附近进行对数线性化，可以得到有关19个变量波动的动态线性理性预期方程系统。然后，我们根据 Uhlig（1999）的方法对线性方程动态系统进行数值模拟和参数校准。

三、参数校准与贝叶斯估计

为了求解上述非线性方程系统，需要对参数进行校准或估计。我们拟对出现在变量稳态方程组中的结构参数进行校准，而对出现在动态方程组中与外生变量相关的参数进行贝叶斯估计。

1．参数校准

我们利用《中国统计年鉴》中2010年的投入产出表，测算房地产业和建筑业的资本收入和劳动收入，并按照中间产品直接消耗比例，测算相关行业的资本收入和劳动收入，在此基础上推算它们的平均资本份额和劳动份额，以此代表耐用品生产部门的资本份额和劳动份额，得到 $\alpha_d = 0.40$，$1 - \alpha_d = 0.60$。以同样方法可以测算其余部门的资本份额和劳动份额，并以此代表非耐用品生产部门的资本份额和劳动份额，得到 $\alpha_n = 0.35$，$1 - \alpha_n = 0.65$。对于贴现因子 β，一般取值约等于利率稳态值的倒数，国内外文献大多取值在0.96～0.99，我们根据2000年以来一年期定期金融机构利率计算其平均值，为1.0305，以此作为利率稳态值，经季节折算后得到贴现因子β为0.99。按照大多数文献的做法（如 Ireland，2000；黄颐琳，2005），我们设定耐用品生产部门和非耐用品生产部门的物质资本季度折旧率δ_d、δ_n都为2.5%。类似地，我们设定耐用品本身的季度折旧率ω也为2.5%。参照李松华（2012）并进行换算，这里将消费的跨期替代弹性设定为2.5，而且消费非耐用品和耐用品的跨期替代弹性相同，即有$\varphi = \eta = 2.5$。参照 Chen 等（2012）将劳动供给弹性设定为3.5，而且非耐用品生产劳动和耐用品生产劳动的供给弹性也相同，即有$\mu = \upsilon = 3.5$。参照 Zhang（2009）和黄志刚（2011），将货币需求弹性τ设定为3。

2. 参数的贝叶斯估计

这一部分对随机变量的自回归参数ϱ_n、ϱ_d、ϱ_φ和ϱ_e进行贝叶斯估计，估计参数所用到的参数分别为非耐用品实际产出$y_{n,t}$、非耐用品实际消费$c_{n,t}$和以M_0衡量的货币供给量M_t。估计选用的数据为中国的季度数据，时期为2000年第一季度至2014年第四季度，共60个样本。为了更好地衡量变量之间波动的状况，首先对以上三个序列进行如下处理：首先对非耐用品产出$y_{n,t}$、非耐用品消费$c_{n,t}$和M_t序列进行季节调整，其次对其分别进行对数化，最后采用 H－P 滤波对经对数化后的数据进行去趋势处理。各数据序列来源为国家统计局网站和中国人民银行网站，并经过必要的计算和处理。耐用品生产部门技术冲击系数、非耐用品生产部门技术冲击系数、耐用品消费偏好冲击系数和货币供给冲击系数均介于0～1，这些参数的先验分布均设定为 Beta 分布。表5－1描述了待估计参数的先验分布类型和估计结果；图5－1进一步直观比较了待估计参数的先验分布和后验分布的形态。

表 5-1　部分参数贝叶斯估计结果

参数	参数说明	先验分布	先验均值	后验均值	置信区间	
ϱ_n	非耐用品部门技术冲击系数	Beta	0.7900	0.8098	0.7991	0.8212
ϱ_d	耐用品部门技术冲击系数	Beta	0.7900	0.8484	0.8480	0.8488
ϱ_φ	耐用品消费偏好冲击系数	Beta	0.4800	0.4758	0.4529	0.4982
ϱ_e	货币供给冲击系数	Beta	0.4800	0.4645	0.4403	0.4908

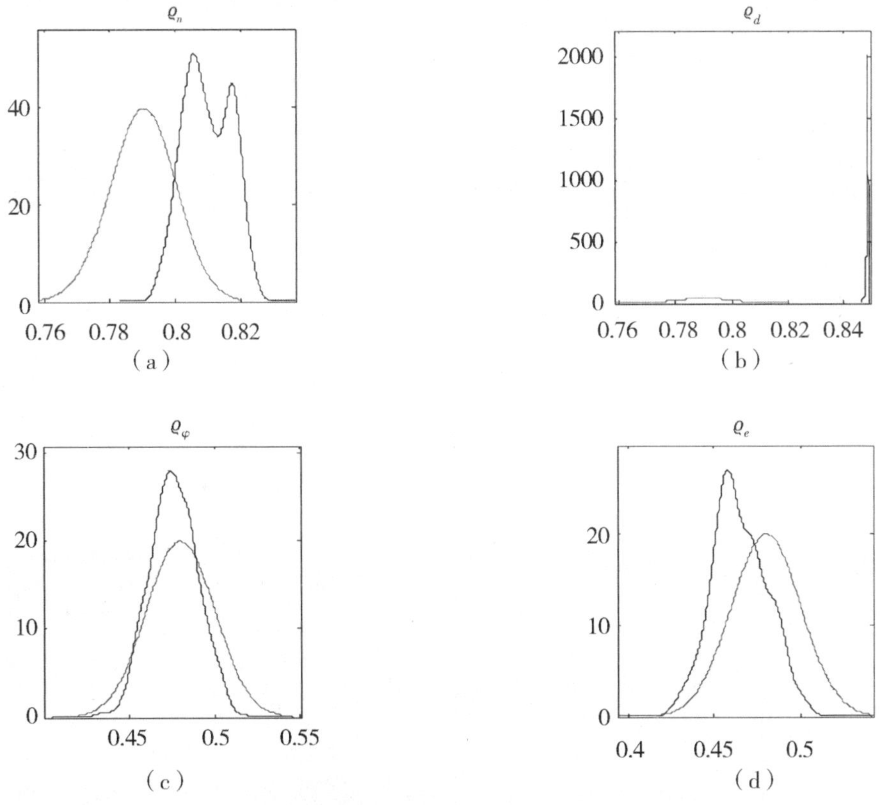

图 5-1　部分参数贝叶斯估计的先验分布和后验分布

四、模拟结果

我们将经校准和贝叶斯估计后的参数代入模型进行模拟，分析消费偏好改变，即耐用品消费偏好冲击系数 e 受到外部冲击时，对资本积累和产出波动所带来的动态影响。从模拟的结果可发现，耐用品消费偏好的正向冲击将显著促进资本积累的增加和总产出的增长。图 5－2 描述了家庭对耐用品消费编好冲击系数暂时改变对资本积累和产出波动的冲击情况。

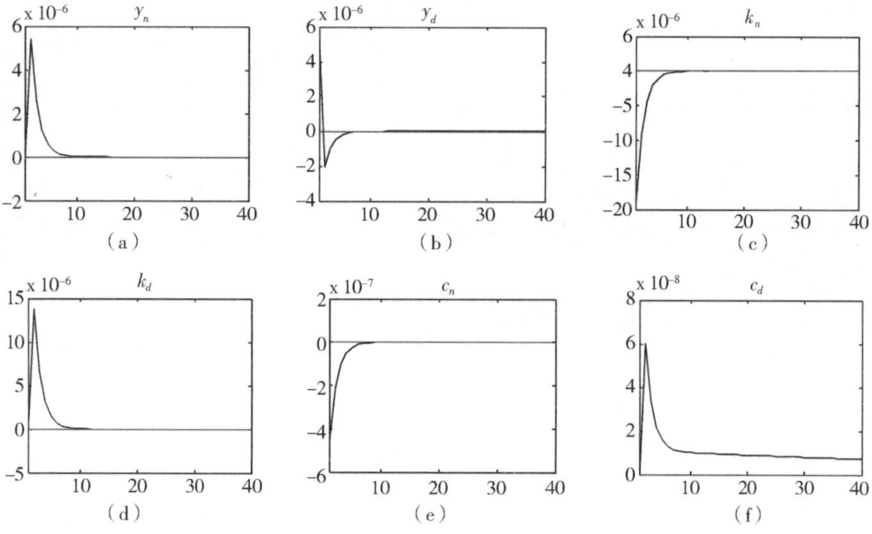

图 5－2　耐用品消费偏好正向冲击的脉冲反应

当家庭或者由于收入提高消费结构发生了改变，或者由于房地产价格上涨带来的刺激作用，家庭对耐用品的偏好都会提高，这反映到模型中，就会导致 e 值有所增大。我们假设这种改变是暂时的，即 e 遵从

$\ln e_t = (1 - \varrho_e)\ln\bar{e} + \varrho_e \ln e_{t-1} + \varepsilon_{e,t}$的变化形式，由此观察它的变化对资本积累、消费乃至产出波动带来的影响。当耐用品偏好系数一个单位的冲击发生时，耐用品生产部门资本存量开始攀升，并在冲击发生的第二期达到峰值。非耐用品部门的资本存量在冲击发生的当期就开始下降，此后逐期上升。非耐用品生产部门的资本存量在冲击发生的当期就达到最低谷值，随后开始迅速反弹。随着家庭对耐用品偏好的增加，家庭对耐用品的消费在冲击的第二期从原均衡值迅速提高并达到峰值，而家庭对非耐用品的消费则在冲击发生的第一期就立即下降至最低谷值，此后开始回升。由于耐用品消费将在第二期增加，耐用品部门需要有更多的资本积累，而根据我们模型的设定，这些资本积累又必须由非耐用品生产部门来提供，于是当期非耐用品的生产开始上升，并在第二期达到峰值。不过，由于经济调整需要一定的时间，在冲击发生的当期，耐用品生产部门的资本积累主要是通过减少当期非耐用品消费和非耐用品投资来完成的，而来自新生产的非耐用品只占较少部分。随着家庭对耐用品偏好的增加和耐用品生产部门资本存量的增加，耐用品的生产也在冲击发生的当期达到峰值，此后第二期又迅速下降至谷底，继而缓慢回升，至第十三期后才又变为正值，但数值较小。由于冲击发生的当期，耐用品和非耐用品的生产都出现增长，所以经济总产出也是增长的，即使在第二期，虽然耐用品的生产出现下降，但是非耐用品的生产却出现更大幅度上升，从而总产出仍是增长的。综合考察冲击发生的当期及以后各期，家庭耐用品消费偏好的增加对总产出的冲击总体是正向的，即家庭对耐用品消费品偏好的增加会促进总产出的提升。这一情形的出现，主要源于模型中耐用品生产部门资本劳动替代弹性更大的假设，即相对非耐用品而言，单位耐用品生产需要更多的资本积累，从而对非耐用品的投资需求大幅增加，推动了非耐用品生产乃至总产出的增长。

模拟的结果还显示，相对耐用品消费偏好而言，外部需求冲击和技术冲击对资本积累的促进作用并不明显，甚至是负向的。事实上，当外需冲击发生时，耐用品生产增加的幅度要明显高于非耐用品生产下降的幅度，总产出仍然会有所增加，但从两部门的资本积累总体来看却下降了，这是由于更多的货币投放降低了居民持有的货币实际余额，从而导致更多的劳动力替代了资本。而当生产技术面临一个单位的正向冲击时，无论这种冲击来自耐用品部门还是非耐用品部门，耐用品部门生产和非耐用品部门生产都会增加，而且增加幅度也都远大于一个单位偏好冲击和一个单位外需冲击所带来的影响。但是，从两类技术冲击下资本积累总体来说并没有出现显著增加，非耐用品生产部门的技术冲击甚至还最终导致了资本积累的减少，这是由于技术层面的变化倾向于节约资本和劳动等生产要素的投入，而不是促进生产要素的投入。

因此，消费偏好的改变，特别是耐用品偏好的增加，对于促进资本积累具有更重要的作用，而资本积累会有效地带动投资需求，并最终推动产出水平的提高。外部需求和技术层面的正向冲击也会提高产出水平，但是对于资本积累的影响大都是负面的。这些模拟结果表明，2000年以来中国资本积累的规模及其所占 GDP 比重的增加，主要是消费偏好改变导致的需求结构的变化带来的，并通过提升总需求而进一步推动了经济产出的增加。但是，由于我们的模型并没有对外部需求的结构做出假设，因此不能模拟这种结构变化可能对资本积累继而对产出产生的影响。不过，我们可以预期，如果外部需求也发生了结构性的变化，比如海外市场对中国生产的耐用品（资本密集型产品）的需求增加，这类产品的出口规模将快速增长，因此对中国资本积累和产出波动的影响也将与国内耐用品偏好的变化所产生的影响基本相同。

五、实证分析

（一）模型构建与变量说明

为了验证上述模型的相关研究结论，我们拟通过建立计量模型来实证地分析偏好冲击对中国资本积累及产出波动的影响情况。用于实证分析的基本计量模型采取如下形式：

$$\ln Y_t = C + \beta_1 \ln A_t \times \ln Capform_t + \beta_2 \ln Nexp_t \times \ln Capform_t + \beta_3 \ln Rinvest_t \times \ln Capform_t + \varepsilon_t \tag{18}$$

计量模型的各个变量都采用对数形式。其中，C 是常数，$\ln Y_t$ 代表产出，$\ln A_t$ 代表技术，$\ln Nexp_t$ 代表外需，$\ln Rinvest_t$ 代表耐用品投资，$\ln Capform_t$ 代表资本积累，$\ln A_t \times \ln Capform_t$、$\ln Nexp_t \times \ln Capform_t$、$\ln Rinvest_t \times \ln Capform_t$ 分别代表技术因素与资本积累交叉相乘项、外需与资本积累的交叉相乘项、耐用品投资与资本积累的交叉相乘项，其系数分别衡量技术冲击、外需冲击和耐用品偏好冲击通过资本积累对产出波动所产生的影响情况。

各变量的具体含义和取值过程如下：

1. 产出

产出由中国国内生产总值来衡量，样本时期为 1979—2014 年，并且采用国内生产总值平减指数将历年国内生产总值调整为以 2000 年不变价格表示的实际值。国内生产总值数据来自国家统计局网站。

2. 技术因素

我们以全要素生产率的变化来代表回归模型中的技术冲击。历年全要素生产率的计算我们借鉴赵志耘和杨朝峰（2011）的算法。由于该文中的数据时期跨度为1979—2009年，我们将时期跨度进一步延长为1979—2014年，并按照该文中的方法确定基期资本存量、投资流量指标、价格指数指标和折旧率，通过永续盘存法估算出1979—2014年的资本存量，并将前后两年的就业人员数进行算术平均获得年中的就业数，然后采用索洛残值法确定全要素生产率。估算过程中规模收益不变的C－D生产函数包含时间趋势。对数形式的全要素生产率表示如下：

$$\ln A_t = \ln\left(\frac{Y_t}{L_t}\right) - \lambda t - \alpha\ln\left(\frac{K_t}{L_t}\right) \tag{19}$$

其中，A_t 表示全要素生产率，Y_t 表示产出，K_t 表示资本存量，L_t 表示就业量，α 表示劳动平均份额，λ 表示时间趋势的系数。通过OLS方法对式（19）估计后，得到 α 的估计值为0.70449，λ 的估计值为0.006，将历年以2000年不变价格衡量的产出、资本存量、就业人员数实际值代入估计后的回归方程，就可以计算出历年的对数形式的全要素生产率 $\ln A_t$，并以1986—2014年期间的序列来描述回归模型中的技术冲击项。用于全要素生产率测算的相关数据均来自国家统计局网站和《中国国内生产总值核算历史资料（1952—2004）》。

3. **外需因素**

我们以货物出口总额的变化来表示外需变动的情况，并将出口总额通过国内生产总值平减指数调整为2000年基期价格表示的实际值，同时，对不变价格表示的出口总额进行对数线性化，并以如此处理后的序列作为模型回归的变量序列。同时，我们还以经过同样方法处理的加工贸易出口额作为外需因素的代理变量替换货物出口额进入回归模型［式(18)］，考察加工贸易出口额与出口总额对资本积累和产出波动所产生影响的不同。出口总额数据来自国家统计网站，加工贸易出口额

1986--2008 年的数据来自《中国统计年鉴（2009）》，2009—2014 年的数据来自中经网统计数据库。加工贸易出口额由来料加工装配贸易出口额和进料加工贸易出口额加总而来。

4．耐用品投资

居民的耐用品消费包含住宅、汽车和家用电器等多种项目，由于大多数消费项目难以从总量角度来精确地衡量，我们仅以房地产投资为代表来描述消费者偏好的变化，考察这种变化对资本积累和产出波动的影响。房地产投资采用国家统计局公布的房地产开发企业投资完成额数据，时期跨度为 1986—2014 年，并经固定资产投资价格指数对其进行换算，将其调整为以 2000 年为基期的不变价格表示的实际值，并以对其进行对数化后的序列作为模型回归的变量序列。由于固定资产价格指数只有 1990—2014 年的数据，我们根据 1990—2014 年的资本形成额平减指数与固定资产价格指数的相关系数来推算 1986—1989 年的固定资产价格指数，其中资本形成额的平减指数的计算见于上文全要素生产率的测算过程。

5．资本积累

我们以资本形成额作为资本积累的替代变量。计算以 2000 年价格为基期的不变价格表示的资本形成额时，同样采用上文计算全要素生产率时所得到的资本形成总额平减指数作为折算因子。不变价格表示的资本形成额也需要取对数，并以和各变量交叉相乘的形式进入回归模型［式（18）］。资本形成额数据也来自国家统计局网站。

（二）模型回归结果

在对模型［式（18）］进行了初次 OLS 回归后，通过观察残差的偏自相关系数发现，无论是使用出口总额还是加工贸易出口额进入交叉相

乘项 $\ln Nexp_t \times \ln Capform_t$，回归方程的残差都存在一阶自相关和二阶自相关，因此，需要对模型变量进行一阶广义差分调整和二阶广义差分调整，然后再进行回归分析。经过一阶广义差分和二阶广义差分调整后，模型的最终回归结果见表5-2。表5-2中列出了两个模型的回归结果，其中模型①中的 $\ln Nexp_t \times \ln Capform_t$ 为出口总额与资本形成额的对数交叉相乘项，模型②中的 $\ln Nexp_t \times \ln Capform_t$ 为加工贸易出口额与资本形成额的对数交叉相乘项。

模型①的回归结果表明，全要素生产率、出口总额与资本形成额的交叉相乘项系数估计值都不显著，而房地产投资与资本形成额的交叉相乘项的系数估计值却在5%的统计水平上显著，系数估计值为0.025315，说明房地产投资能够有效地通过促进资本形成额带动产出的增长。这一结论与前文DSGE模型模拟的结果一致，即耐用品偏好的增强会带动房地产等资本密集型部门的投资，从而会带动产出的增长。

模型②的回归结果则表明，当用加工贸易出口额来代替出口总额进入模型中时，全要素生产率与资本形成额的交叉相乘项系数估计值依然不显著，但房地产投资、加工贸易出口额与资本形成额的交叉相乘项系数估计值都在1%的统计水平上显著，估计值分别为0.024534和0.025512。实证分析验证了房地产投资对资本积累具有明显的促进作用这一结论，同时实证分析也表明对外贸易总体对资本积累的影响是不确定的，只有其中的加工贸易出口才对资本形成额占产出比重及产出水平有显著的提升作用。

虽然这里的计量模型只分析了各变量间的当期关系，不如DSGE模型那样能够揭示变量间相互影响的各期变化轨迹，但是模型①和模型②都验证了DSGE数值模拟的基本结论，即资本密集型的耐用品部门投资的增加或减少，会通过影响资本形成额而对产出水平产生深刻的影响。

表 5-2　产出对相关变量的回归结果

解释变量	模型①	模型②
常数	7.305462 (4.279102)*	9.038812 (6.897068)*
$\ln A_t \times \ln Capform_t$	0.028931 (0.334389)	-0.080167 (-1.175822)
$\ln Nexp_t \times \ln Capform_t$	0.002244 (1.304084)	0.025512 (4.169474)*
$\ln Rinvest_t \times \ln Capform_t$	0.025315 (2.243535)**	0.024534 (3.003545)*
修正的样本决定系数 R2	0.996287	0.997843
D-W 统计量	1.749624	1.863408
F 统计量	1396.315	2406.932
赤池信息准则	-3.13676	-3.68001
施瓦茨准则	-2.84879	-3.39205

注：括号中的数值为稳健标准误；*，**，***，分别表示在 1%、5% 和 10% 的程度上显著。

六、结论

本章的研究结论表明，家庭耐用品偏好的增强，会导致总的资本积累的迅速增加，从而成为推动总产出增长的重要需求因素。这一结论对于理解中国过去十余年来经济运行的现实状况具有重要的启示作用。2000 年以来，正是中国居民对房地产等耐用品偏好的增强，直接导致了全国固定资产投资的迅速增长和资本积累的加快，推动了经济的高速增长。不过，当前这些冲击已经或正在消失，并带来部分行业产能的严重过剩，致使经济增速不断趋降，表明需求因素的变化对产出波动的影响是短暂而且多变的，从而启示我们应借助但不能过度依赖需求拉动经济的作用。

本章的主要创新之处是在动态随机一般均衡的框架下分析了消费偏好冲击发生时资本积累和产出调整的动态机制，并且通过计量模型进一步验证了模型的相关结论。因为文中 DSGE 模型包含了消费偏好的结构变化，所以能够较好地模拟身处经济结构不断变迁中的中国经济发展的事实。但是，由于 DSGE 模型构造的复杂性和一般均衡的假设，文中模型对外需的结构变化和中国资源非充分就业等特征并没有做出特定假设，从而对外需的结构变化对资本积累产生影响的机制的揭示并不是非常有力的。在资源非充分就业假设基础上，考虑外需的结构变化，对 DSGE 模型予以改进或者重新进行构建，将是一个在一般均衡的情形下研究中国资本积累和产出波动的新的课题。

第六章　房地产价格波动的通货膨胀效应及其传导机制

一、研究背景和文献回顾

2016年，我国许多城市房地产价格再度出现较大幅度的上涨，部分大城市涨幅更是大得惊人，例如合肥、厦门和南京，同比涨幅都超过了40.0%。回顾历史，自1998年我国实行全面住房制度改革，即取消住房实物分配并实行住房分配货币化以来，城市房地产价格已经经历了几轮涨幅较大的上涨过程，尽管期间也曾出现过向下波动，但是幅度和持续时间都无法和上涨阶段相提并论，致使许多城市房地产价格明显偏高。1998—2010年，居民消费价格指数（CPI）只上涨了26.5%，而同期全国房屋销售价格指数上涨了76.9%；2010年以后，国家统计局不再公布全国房屋销售价格指数，而开始公布70个大中城市的房屋价格指数，如新建商品住宅价格指数等，2010—2016年70个大中城市新建商品住宅价格指数上涨了100.9%，而同期CPI只上涨了40.2%。这些数据表明，1998年以来我国房地产价格一直以远高于CPI变动的幅度在上涨，由于房地产价格的资产属性和价值预期，在房地产的上涨周期内我们不能期望CPI的涨幅能够与房地产价格涨幅相提并论，但是我们仍然关心 CPI 的已有涨幅是否受到了房地产价格上涨的影响，而这种关心对于我们观察房地产价格变动对未来 CPI 走势的可能影响具有重要作用。事实上，由于房地产是一项重要的生活和生产要素，其价格过大幅度的上涨势必对产品价格体系中的产品比价关系，以及社会总体物价水平，都会产生深刻的影响，从而具有较为显著的通货膨胀效应，对房地产价格的这种通货膨胀效应进行测算，以及对这一效应的传导机制予以剖析，对于深刻认识房地产价格波动与通货膨胀的关系，预测通货膨胀的可能走势，为宏观调控提供理论指导和经验借鉴，都具有重要的意义。

有许多文献尝试从不同的角度对房地产价格波动的通货膨胀效应进行研究。有些研究者根据部门间的投入产出关系，基于投入产出价格影响模型，测算了房地产价格波动对其他国民经济部门产出价格及综合性价格指数的影响程度（何俊芳，董超，2008；程武林，2010；刘晓欣，贾庆英，2014）。也有许多文献对房地产价格波动对通货膨胀影响的阶段性特征进行了研究。段忠东（2012）基于门限模型对我国房地产价格与通货膨胀和产出之间的非线性动态关系进行了测量，发现当房地产价格处于低增长阶段时，其波动对通货膨胀有比较显著的正向影响，高增长阶段时房地产价格的这种影响效果不显著。杨祚和胡跃岷（2013）通过 MS - VAR 模型实证分析发现我国房地产价格与居民消费价格变动三区制特征显著，但是无论处于何种区制，房地产价格变动对物价总水平变动均存在着较弱的正向影响效应。毛泽盛和罗良红（2014）的研究结果表明，发生金融危机的时候房地产销售价格指数变动对通货膨胀的影响显著放大。Kent 和 Lowe（1997）研究了资产价格对产出和通货膨胀影响的非对称性，认为价格上涨比价格下降对产出和通货膨胀的影响更大。James 和 Mark（2001）使用了 38 个变量对 7 个 OECD 国家的

41 年间资产价格和通货膨胀的关系进行了实证分析，证明了资产价格可以作为通货膨胀的先期指标。Haan 和 Willem 等（2016）利用 Logit 模型对 11 个发达经济体进行研究后发现，大多数经济体房地产价格越高通常昭示着未来的通货膨胀越高，但有些经济体的情况则相反。赵宇和王轶君（2011）使用多步向前的方法对未来的通货膨胀进行样本外预测，发现在房地产价格下跌时期，其指示性作用大于房地产价格的上涨时期。更多的文献则通过各种计量方法来直接测算房地产价格对通货膨胀的影响程度或者作用周期。王婷婷（2012）指出房地产价格和通货膨胀受到共同因素的影响并由此表现出联动性。Meltzer（1995）对美国的研究表明，每一次房价变动周期的波峰都早于 GDP 缩减指数波峰两年左右。他对英国和瑞典的实证研究也发现存在类似关系。Kontnonikas 和 Montagnli（2002）发现房价对于总需求具有重要影响，并且住房价格波动与未来消费价格膨胀之间具有高度的正相关性。Tkaca 和 Willkins（2006）分别检验了股价与房价对加拿大 GDP 和通货膨胀的预测能力，发现房价能够预测未来产出与通货膨胀。段忠东（2007）研究发现短期内房地产价格对通货膨胀的影响十分有限，但是长期却会产生重要影响，存在正反馈关系。Reinhart（2010）则估计当美国房地产泡沫破灭时，通货膨胀会降低约 4.0 个百分点。

尽管大多数文献以测量房地产价格波动的通货膨胀效应为主要目的，但是也有部分文献对这种效应之所以产生的作用机制进行了专门研究。房地产价格波动可能会导致市场主体对通货膨胀的预期发生变化，继而通过通货膨胀预期的自我实现机制引起通货膨胀率发生变化。

王维安和贺聪（2005）研究发现房地产预期收益率与通货膨胀预期之间存在稳定的函数关系。黄树青和王益君（2016）研究发现房地产市场价格走势对通货膨胀预期的影响，要大于房地产市场资金变化对通货膨胀预期的影响。财富效应也是房地产价格波动影响通货膨胀的重要渠道，即房地产价格会使持有房地产的家庭增加财富，增强他们的消费支出能力，继而对物价产生影响（Sousa，2009）。另外一个渠道是金融加速器效应，即房地产价格的上涨将使可抵押物价值增加，提高持有者的借贷能力（Bernanke，Gertler 和 Gilchrist，1996）。房地产价格波动带来的金融加速器效应可能会导致经济繁荣和衰退的周期性变化，一旦房地产价格泡沫破裂，通货紧缩可能随之而来（Alessie 和 Detken，2011）。此外，还有部分学者认为房地产价格上涨除了具有财富效应外，也具有挤出效应，将通过削弱消费的能力而对总需求继而对通货膨胀产生抑制作用（邓永亮，2010）。另有学者认为，除了传统强调的财富效应之外，资产价格波动也会通过增加或减少金融窖藏影响货币循环继而对通货膨胀产生影响（刘鹏，2014）。

这些学者从不同的角度研究了房地产价格波动与通货膨胀的关系，但少有学者将房地产价格的成本效应和需求效应对通货膨胀的影响进行系统的研究。本文试图采用包含更多样本城市的面板数据，在深入分析房地产价格波动产生通货膨胀效应的基础上，建立能够反映房地产价格波动的成本效应和需求效应的模型，探索 2005—2016 年 70 个大中城市房地产价格波动对通货膨胀影响的具体情况，为中国的通货膨胀管理和地方城市管理提供更具价值的政策指导。

二、传导机制分析

房地产是最为特殊的一类商品，它既具有要素属性和消费属性，也具有资产属性和金融属性，因此房地产价格波动对物价产生影响的渠道也是多种多样的。

1. **成本效应**

成本效应是房地产价格波动对物价发挥影响的最为直接的方式，这是因为房地产本身也是生产投入要素，其价格直接进入产品生产成本，价格的波动无疑会直接影响边际生产成本，并最终影响厂商的定价行为。图6－1描述了房地产价格上涨后产品定价水平的变化情况。在完全竞争市场中，当外部冲击导致房地产价格上涨后，以房地产为中间投入品的产品，其边际生产成本 MC 和平均成本曲线 AC 分别上移到 MC' 和 AC' 的位置，边际收益曲线 MR 与边际成本曲线的交点也由 D 点移到 D' 点，对应的产品平均成本由 E 点上移到 E' 点。由于在完全竞争市场中，厂商的正常利润为0，所以厂商会按照产品平均成本定价，产品价格由 P_1 点上移到 P_2 点，产品价格上升了。成本效应其实包含两个部分，即不仅包含由于房地产价格导致的平均成本曲线移动的部分，还包括厂商在新的成本收益条件下为了最大化利润减少产量而导致的沿平均成本曲线移动的部分。如果一个经济体全部产品的价格都可以灵活调整，那么厂商面临的边际收益曲线也会相应变化，最终厂商产品价格将只是名义上的，否则厂商产品价格的变化将是结构性的。

以上分析的是房地产价格波动的直接成本效应，房地产价格波动还会通过影响厂商其他投入品的成本带来间接的成本效应。工资就是最典型的例子。房地产价格的波动对工资的影响是很复杂的。在一种情形下，作为一种生产要素，房地产价格的上涨将导致如图6－1所示的成本收益曲线的变动，在新的均衡条件下，边际产品收益将增加，根据劳动力边际成本与边际产品收益相等的原则，工资也会增加，由于产出减少，此时部分工人不得不承担失业的损失。不过，房地产价格上涨对工资的影响并不止于此。在另一种情形下，房地产价格上涨还会导致劳动力支出增加，并改变了闲暇和劳动的成本收益对比关系，劳动力将减少

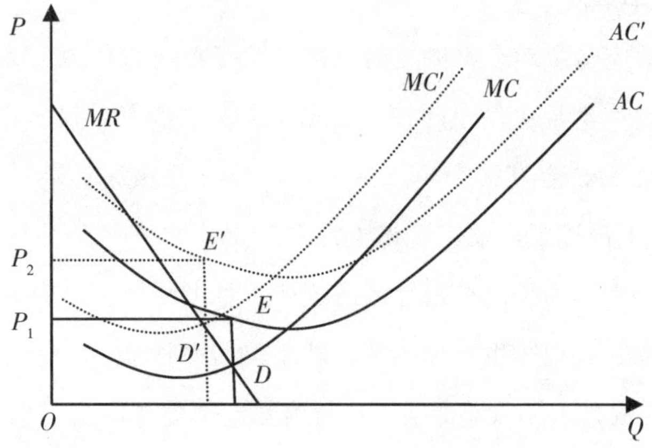

图 6－1　房地产价格波动对成本和价格的影响

劳动供给，厂商不得不以更高的工资水平来雇用劳动力。当然，由于劳动力工资的变动兼有收入效应和替代效应，房地产价格的上涨对劳动力供给的影响并不是绝对的，只有当替代效应大于收入效应时，才会出现上述分析的情形。不过，由于劳动时间是有限的，房地产价格的过度上涨导致的支出能力的下降，不可能通过无限制地增加劳动时间来予以抵消，劳动力完全可以通过“用脚投票”移民到更加适合工作生活的地区，从而某地区房地产价格的过度上涨只能通过提高工资的方式来吸引和挽留劳动力。第一种情形下工资的变动是厂商主动调整最大化行为的结果，第二种情形下工资的变动则主要是劳动力调整最大化行为的结果，并且继而成为影响厂商边际成本变动的新的成本因素。

2. 需求效应

在短期，房地产价格波动还会显著影响市场主体的投资和储蓄行为，继而改变总需求和总供给的对比关系，致使通货膨胀率发生波动。在不考虑政府支出和对外贸易的情况下，根据国民经济恒等式，一个经济体的储蓄应该等于投资，如式（1）所示：

$$I(i,hp) = S(i,hp,Y) \tag{1}$$

式（1）中，投资 I 受利率 i 和房地产价格 hp 波动的影响，储蓄除了受利率 i 和房地产价格 hp 波动的影响外，还受到产出 Y 的影响。由于产出等于消费与储蓄之和，既然储蓄是关于 hp 的函数，那么产出 Y 自然也是关于 hp 的函数。就式（1）两边对 hp 求导，通过整理可得：

$$Y_{hp} = (I_{hp} - S_{hp})/S_Y \tag{2}$$

房地产价格上涨会使无房待购者增加储蓄，而使有房者特别是持有多套房产者增加消费信心而减少储蓄，因此房地产价格波动对消费的边际效应 S_{hp} 的符号是不确定的。房地产价格的上涨会直接增加房地产开发企业的投资边际收益而刺激其扩大投资，同时所持有房地产价值的上升使投资者抵押融资能力趋于上升，也有利于促使扩大投资，因此房地产价格波动对投资的边际效应 I_{hp} 通常为正。由于产出对储蓄的边际效益 S_Y 为正，房地产价格波动对产出的效应 Y_{hp} 取决于房地产价格波动对投资和消费的边际效应 I_{hp} 、S_{hp} 之间的大小关系。

菲利普斯曲线反映了产出（失业）与通货膨胀之间的此消彼长的替代关系。新凯恩斯菲利普斯曲线在当前的研究中被广泛应用，Taylor（1980）提出的交错合同模型所得出的菲利普斯曲线是一个典型代表，Calvo（1983）又对此进行了改进，他得出的菲利普斯曲线由式（3）来表示：

$$\pi_t = \beta E_t \pi_{t+1} + \lambda y_t \tag{3}$$

式（3）表明，当期通货膨胀率 π_t 是下一期通货膨胀率 π_{t+1} 和当期产出缺口 y_t 的函数。当房地产价格 hp 发生波动时，产出 Y 也将随之变动，当期产出缺口 y_t 也将随之变动，继而会对通货膨胀率 π_t 产生影响。

需求效应主要描述短期房地产价格波动对投资、消费继而对通货膨胀率的影响，在长期由于成本效应和通货膨胀预期的存在，通货膨胀率的波动将与短期有所不同。

3. **货币效应**

当货币被引入经济体中时，房地产价格波动所产生的投资边际效应的渠道就会变得有所不同。房地产价格的上涨可能促使储蓄增加并扩大投资，但是，即使没有新增的储蓄，甚至在储蓄略有减少的情况下，由于房地产抵押价值的上升，部分投资者特别是房地产开发投资者获得信贷资金的能力也会增强，而银行等金融存款机构也可以通过降低超额准备金率来满足这些投资者的信贷需求。根据式（4），超额准备金率的降低将提高货币乘数，整个社会的货币供应量将增加，从而将倾向于推高通货膨胀率。

$$k = (R_c + 1) \div (R_d + R_e + R_c) \tag{4}$$

$$PY = kMV \tag{5}$$

式（4）和式（5）反映了房地产价格上涨通过影响货币乘数而影响物价水平的过程。式（4）中的 k 代表货币乘数，R_d、R_e、R_c 分别代表法定准备金率、超额准备金率和现金在存款中的比率；式（5）是费雪方程式，价格 P 和实际产出 Y 的乘积（即名义产出）等于货币供应量 kM 与货币周转速度 V 的乘积，而货币供应量又是货币乘数 k 和基础货币 M 的乘积。结合式（4）和式（5），房地产价格的上涨将导致银行等金融机构超额准备金率的降低，在其他条件不变的情况下，最终将引起货币乘数和物价水平的上升，通货膨胀率也将随之改变。事实上，这一过程也可以称为房地产价格波动的金融加速器效应。

然而，房地产价格带来的货币效应还不止此，它还有可能导致货币的被动投放，使货币的内生性质增强。中央银行的货币政策目标大都包括通货膨胀和失业（或产出）两类，只是不同的经济体可能赋予这两个目标的权重有所不同。大多数的中央银行的通货膨胀目标主要是控制居民消费价格指数（CPI）或者是核心 CPI，并不直接以房地产等资产价格为紧盯目标。当房地产价格上涨，更多货币资金将被配置到房地产开发部门或者其他形式的房地产投资部门，这将增加其他经济部门为维持正常的经营活动获得货币资金的难度，从而推高利率，并降低这些经济部门的产出，使失业率趋于上升，同时，这种情况如果不能及时改变，那么由于货币媒介的减少，也会导致实体经济部门的通货紧缩的发生。

$$i = i^{*} + \alpha(\pi - \pi^{*}) - \beta(u - u^{*}) \tag{6}$$

泰勒规则（Taylor，1993）很好地描述了中央银行进行货币政策操作时的行为，其基本思想可以由式（6）来表达，i 表示名义市场利率，i^{*} 表示名义目标利率，u 表示失业率，u^{*} 表示自然失业率，π 表示通货膨胀率，π^{*} 表示目标通货膨胀率。中央银行的目标是要保持名义利率 i 和目标利率 i^{*} 的基本一致，而影响市场利率的因素就包含通货膨胀率 π 对目标通货膨胀率 π^{*} 的偏离程度，以及失业率 u 对自然失业率 u^{*} 的偏离程度。当经济处于均衡状态时，如果房地产价格上涨推高失业率 u 上升或者导致实体经济部门 π 下降，那么中央银行必须降低目标利率 i^{*}，以扩张性的货币政策应对这种冲击，而降低目标利率也倒逼中央银行相应地增加货币供应量，整个社会的货币供应量随之增长。至此，利率的降低和货币供应量增加将避免通货紧缩，但并不必然会推高通货膨胀率。不过，如果中央银行货币政策操作得当，从理论上来说源于货币需求层面的通货膨胀总能维持在目标通货膨胀水平，但是在现实中却并非如此。如果中央银行缺乏足够的前瞻性而只是遵循简单的适应性预期，当房地产市场发生变化时，回流的资金将有可能导致实体经济部门通货膨胀的发生。因此，如果中央银行货币的被动投放不及时，那么房地产价格的上涨会导致实体经济部门发生暂时性的通货紧缩，而在货币投放之后，市场形势的变化又可能导致实体经济部门发生暂时性的通货膨胀。

三、模型构建和数据说明

1. 解释变量和模型构建

根据以上的分析，房地产价格波动的通货膨胀效应表现在多个方面，为了从实践上探索这些理论效应在中国的具体表现，我们试图通过建立包含 70 个大中城市、时期为 12 年的面板数据模型来予以研究。本章模型中的变量包括各城市的通货膨胀率（*Inflation*）、房地产价格波动率（*HPI*）和经济增长率（*Growth*）。由于居民消费价格在经济运行中具有特殊重要性，它的波动将对社会方方面面产生巨大的影响，从而成为宏观调控部门重点关注的一类价格。以居民消费价格来反映一个经济体的通货膨胀情况，在理论和实践上都是最适宜的，因此，本章选择各城市的年度居民消费价格指数（CPI）的波动率来代表通货膨胀率，作为模型的被解释变量。房地产价格也包含多类，既有商业地产价格，也有住宅地产价格。由于住宅地产交易量远远超过商业地产，同时住宅地产价格对社会经济的影响更为深远，所以我们重点考察住宅地产价格。根据国家统计局公布的 70 个大中城市房地产价格指数，住宅价格又分为新建商品住宅价格指数和二手住宅价格指数，经年化调整后，70 个大中城市平均商品住宅价格指数和平均二手住宅价格指数 12 期序列数据的相关系数高达 0.96，我们主要选择当前更受关注的新建商品住宅价格指数的波动率作为房地产价格的代理变量，不过，为了验证模型的稳健性，也将对二手住宅价格指数波动对通货膨胀的影响进行分析。根据菲利普斯曲线，经济增长与通货膨胀率存在一定的正向关系，为了研究房地产价格波动对通货膨胀的影响，经济增长将是不可或缺的控制性变量。本章选择各城市的地区生产总值（GDP）实际增长率来代表经济增长率。同时，经济增长率的变化另一方面也反映了已经实现了的总需求的变化情况，由于房地产价格的波动会影响投资和消费活动，进而对通货膨胀率产生影响，建立房地产价格和经济增长率的交互项（$HPI \times Growth$），将可以观察房地产价格波动的需求效应对通货膨胀的影响情况。

以上是本章模型的主要变量。由于前期通货膨胀率也会对当期产生影响，其一阶滞后项作解释变量进入模型。因为房地产价格波动通过成本效应对通货膨胀产生的影响具有滞后性，所以房地产价格的滞后项也将进入模型，并且因受到模型时间序列较短的限制，只设置滞后一期变量。考虑到当期房地产价格的需求效应主要是通过经济增长对通货膨胀率产生影响，因此当期房地产价格将不直接进入模型，而是以与经济增长率交互项的形式间接进入模型。模型的具体设定如下：

$$Inflation_{i,t} = \beta_{i,0} + \beta_{i,1} Inflation_{i,t-1} + \beta_{i,2} Growth_{i,t} + \beta_{i,3} HP_{i,t-1} + \alpha\beta_{i,4} HP_{i,t} \times Growth_{i,t} + \varepsilon_{i,t} \tag{7}$$

其中，$Inflation_{i,t}$ 表示第 i 个城市第 t 期的通货膨胀率，其他下标的含义同理。

2. **数据说明**

本章选取的 70 个大中城市与国家统计局公布的房地产价格指数所包含的 70 个大中城市相同，时间跨度为 2005—2016 年，共 12 期年度数据。居民消费价格指数、新建商品住宅价格指数、地区生产总值实际增长率均来自 Wind 数据库，数据库缺失数据来自各城市历年统计年鉴或统计公报。其中，新建商品住宅价格指数为季度数据，根据简单平均法将其调整为年度数据。此外，各变量的2016年数据为预估数据。表6-1描述了全样本和分类城市变量的统计特征。

表6-1 描述性统计

类别	变量	单位	均值	标准差	最小值	最大值
全样本	$Inflation_{i,t}$	%	2.67	1.82	-2.70	8.40
	$HP_{i,t}$	%	4.03	5.58	-12.30	56.50
	$Growth_{i,t}$	%	12.02	3.45	-7.80	28.60
一线城市	$Inflation_{i,t}$	%	2.65	1.79	-2.5	5.9
	$HP_{i,t}$	%	7.74	8.94	-3.2	46.4
	$Growth_{i,t}$	%	10.42	2.69	6.7	16.6
二线城市	$Inflation_{i,t}$	%	2.71	1.83	-2.7	8.4
	$HP_{i,t}$	%	4.49	5.54	-7.3	56.5
	$Growth_{i,t}$	%	12.17	3.38	-7.8	28.6
三线城市	$Inflation_{i,t}$	%	2.64	1.83	-2.6	7.6
	$HP_{i,t}$	%	3.19	4.87	-12.3	54.1
	$Growth_{i,t}$	%	12.07	3.55	-5.2	28.6

注：一线城市包括北京、上海、广州、深圳等4个城市；二线城市包括除了一线城市外的省会或者单列市，共31个城市，其余的城市为三线城市，共35个城市。

四、实证结果分析

式（7）代表的面板模型包含了被解释变量的滞后变量，属于动态面板模型，适合采用差分GMM方法对其进行估计。为了处理可能存在的异方差，模型回归采用Robust方差结构。估计结果见表6-2。表6-2

中，（1）列是以新建商品住宅价格指数波动率为代理变量的回归结果，（2）列是以二手房住宅价格指数波动率为代理变量的回归结果。两种回归结果都显示，上一期的房地产价格波动都会对当期通货膨胀有正向影响，即倾向于推高当期通货膨胀率，这应该主要是房地产价格的波动通过成本渠道对通货膨胀产生了影响。回归结果还显示，房地产价格与经济增长的交互项也显著为正，表明房地产价格波动的需求效应也最终对通货膨胀产生正向影响。经济增长率的波动也对通货膨胀产生了显著的正向影响，意味着菲利普斯曲线在中国也成立。但是，通货膨胀滞后一期变量的系数符号却是负的，表明适应性通货膨胀预期并没有被经济活动主体普遍采用，通货膨胀在中国存在自我反向调整机制，这样就避免了恶性通货膨胀或过度通货紧缩的可能发生。尽管两种回归结果中各变量系数的符号都是相同的，但是在数值方面存在较大的差别。（1）列中房地产价格滞后项的变量系数估计值甚至超过了经济增长率，表明上一期新建商品住宅价格对当期通货膨胀率的影响比经济增长率的影响还要大；但是（2）列则显示，房地产价格波动滞后项的变量系数估计值只有 0.0672，而经济增长率的系数估计值则达到 0.1368，远远高于前者。比较结果表明，在 2005—2016 年期间，新建商品住宅价格而不是二手房住宅价格的波动，对通货膨胀的影响更为显著。至于房地产价格与经济增长的交互项，也是（1）列略大，不过相对房地产价格滞后项而言，交互项的影响很小，这表明房地产价格波动对通货膨胀的影响更主要是通过成本传导渠道产生的，需求渠道的影响则很微弱。

表6－2　全样本城市的估计结果

解释变量	被解释变量 $Inflation_{i,t}$ (1)	被解释变量 $Inflation_{i,t}$ (2)
$Constant$（常数）	1.1772*** (4.67)	0.9429*** (3.59)
$Inflation_{i,t-1}$	-0.0948*** (-5.4)	-0.0871*** (-4.27)
$Growth_{i,t}$	0.0926*** (2.86)	0.1368*** (4.47)
$HP_{i,t-1}$	0.0945*** (6.45)	0.0672*** (4.23)
$HP_{i,t} * Growth_{i,t}$	0.0075*** (3.32)	0.0066*** (2.86)
样本数	840	840
城市数	70	70
Wald x^2	225.41 (0.00)	236.25 (0.00)
Sargan 检验	69.59 (0.075)	65.55 (0.076)
AR（1）p值	0.00	0.00
AR（2）p值	0.00	0.00

注：系数下方括号内的数字为估计值的 t 或者 z 统计量，其中*、**和***分别表示10%、5%和1%的显著性水平。

自2005年以来，一线城市房地产价格由于涨幅巨大而广受关注，2015—2016年更是经历了快速上涨，那么，一线城市房地产价格波动对通货膨胀的影响又是怎样的呢？为了探讨这一问题，我们也试图通过面板动态模型对其进行研究。不过，一线城市只包括4个城市，截面个数明显偏少，为了比较一线城市与其他城市的区别，我们采用了在全样本估计的基础上，再剔出一线城市而只对二三线城市进行估计的途径，最终回归结果见表6－3。将表6－3与表6－2中的同类项目相比，不难发现，二三线城市通货膨胀的常数项上升，但是房地产价格滞后项的系数估计值都出现了下降，而且以比经济增长率系数估计值更大的幅度下降，甚至（1）列的这一系数估计值开始低于经济增长率系数估计值。这反过来表明一线城市该系数估计值都出现了更大幅度上升，也即一线城市房地产价格波动对下一期的通货膨胀率有更多的影响。这一情况的发生，应该主要有两方面的原因：一是一线城市房地产价格绝对水平较高，其一个百分点的波动会导致价格绝对变动幅度更大，从而对居民消费价格的影响也更大；二是一线城市以服务业为主，而服务业的成本中劳动力成本和房租占据了更大比重，从而房地产价格的波动会通过影响劳动力生活成本和房租而更大程度地影响通货膨胀。不过，比较结果还显示，表6－3中的房地产价格与经济增长交互项的系数估计值甚至比表6－2中的还有明显的提升，特别是（2）列这一系数估计值提升更为明显。这表明一线城市房地产价格波动通过需求效应对通货膨胀的影响较小，这主要是因为一线城市的投资需求在总需求的比重与二三线城市相比偏小，即使消费需求也更多地集中于服务产品而非家装需求，房地产价格波动的需求效应较弱，对通货膨胀的影响也更小。但是由于房地产价格与经济增长的交互项系数估计值远远小于房地产价格滞后项的系数估计值。总的来看，一线城市房地产价格波动对通货膨胀的影响程度也就更大。

表 6－3　二三线样本城市的估计结果

解释变量	被解释变量	
	$Inflation_{i,t}$	
	(1)	(2)
Constant（常数）	1.1970*** (4.48)	0.9717*** (3.23)
$Inflation_{i,t-1}$	−0.0907*** (−4.87)	−0.0784*** (−3.51)
$Growth_{i,t}$	0.0917*** (2.58)	0.1313*** (3.70)
$HP_{i,t-1}$	0.0885*** (6.20)	0.0626*** (3.78)
$HP_{i,t} * Growth_{i,t}$	0.0078*** (3.10)	0.0077*** (2.86)
样本数	660	660
城市数	66	66
Wald x^2	236.23 (0.00)	242.68 (0.00)
Sargan 检验	65.72 (0.132)	65.67 (0.133)
AR（1）p 值	0.00	0.00
AR（2）p 值	0.00	0.00

注：系数下方括号内的数字为估计值的 t 或者 z 统计量，其中*、**和***分别表示 10%、5%和 1%的显著性水平。

五、结论

本章利用 70 个大中城市的 2005—2016 年的有关数据，实证分析了房地产价格波动对通货膨胀的影响，结果发现：（1）房地产价格波动对通货膨胀的影响是正向的，而且无论是成本效应还是需求效应对通货膨胀都是显著的，不过成本效应对通货膨胀的影响仍然是最主要的。（2）新建商品住宅价格对通货膨胀的影响程度更大，二手房住宅价格对通货膨胀的影响相对较小，表明中国房地产仍然是以新建商品住宅为主导的市场。（3）一线城市房地产价格波动通过成本传导渠道对通货膨胀产生影响更大，但是通过需求效应对通货膨胀产生的影响则较小，但总体对通货膨胀的影响仍然远远大于二三线城市。这些研究结论对于全国甚至地方性的宏观调控都具有重要意义。通货膨胀一直是宏观调控关注的重要指标，然而由于种种原因，房地产价格并没有直接进入以居民消费价格指数为主的通货膨胀管理目标。本章的研究结论则表明，房地产价格所产生的成本效应和需求效应都会对通货膨胀具有显著影响，特别是上一期的房地产价格波动会对当期通货膨胀产生更大程度的影响，这就可以使其成为预测当期通货膨胀的一个先行性指标，从而可以对货币政策等宏观经济政策进行及时调整，避免在通货膨胀管理中陷入被动。本章的研究结论对于各城市特别是特大城市的城市管理工作也非常重要，即不能只是看到房地产价格上升和房地产投资对经济增长一时的推动作用，更应该看到房地产价格上升产生的一系列后果，特别是在推高城市通货膨胀方面的严重危害。在未来，随着各城市服务业比重的不断提高，房地产价格上升对通货膨胀的影响将进一步增强，保持房地产价格的平稳应该成为更多城市的重要管理目标。

第七章 效率差异、资产属性与房地产价格波动

一、研究背景和文献回顾

自改革开放以来，特别是 1998 年住房货币化改革以来，中国房地产市场迅猛发展，竣工面积和销售面积不断攀升，成交价格更是扶摇直上，疯狂时甚至以动辄翻倍的速度上涨，致使房价收入比和租金收益比等指标严重偏离合理值，泡沫累积的程度越来越高，泡沫破灭的风险以及由此可能导致的经济金融系统风险也越来越大。但是，这里的问题是，为什么是房地产——而不是其他物品——成为经济主体喜好购买和持有的对象？不可否认，相对其他物品，房地产具有易于保存和持有、折旧年限长等属性，但这也仅仅是房地产的物质属性，具有这种物质属性的物品也不胜枚举，单纯具有这种物质属性并不至于使房地产成为大家喜好购买和持有的对象，一定还有别的属性，特别是独特的经济属性，在特定的发展阶段或特殊的发展时期，易于使房地产成为市场追逐的对象并助推价格泡沫的生成。我们首先来回顾已有文献对房地产泡沫形成机制的有关探讨和研究，再从中寻找和分辨房地产所具有的独特属性，而这种独特属性将是使房地产易于出现价格泡沫的内在基础。

最初所研究的资产泡沫主要集中于股票，后来再逐渐扩展至房地产。在一般均衡框架下对资产泡沫进行研究的早期文献，由于假定条件的不同，往往得出不同的结论。Tirole（1982）就通过研究指出，在计划期无限、市场参加者有限的条件下，泡沫不会产生。Milgrom 和 Stokey（1982）等也得出了相同的结论。Tirole（1985）和 Wei（1987）继而证明，在有限期界、市场参与者无限的条件下，当经济动态有效时泡沫也不会产生，但是当经济动态无效时，在稳态时泡沫也可能存在，并且这种泡沫是对经济整体的一种帕累托改进。

后来对泡沫进行研究的文献，则聚焦于具体市场结构，通过引入“摩擦”来考察市场的不完美性可能对泡沫带来的影响。Allen（1993）假设，如果投资者对市场的看法不具有共识性，即使在有限期条件下，理性均衡时泡沫也可能会出现。Abreu 和 Brunner（2003）指出，当投资者在市场择时方面存在协调失败问题时，资产泡沫也会形成。Allen 等（2006）从全局博弈和高阶信念的角度，证明了在消费者存在风险规避倾向和有限期条件下，资产泡沫也可能产生。在这些文献中，有些直接假定交易者是异质性的，而这种异质性导致的交易者行为的差异，最终促使了泡沫的出现。例如 De Long 等（1990），假定了市场上存在着采取“追涨杀跌”策略的噪音交易者，而理性交易者会通过在噪音交易者行动之前“追涨杀跌”，促使泡沫产生。

国内许多文献更多地关注有助于房地产泡沫形成的直接因素。周京奎在一个局部均衡理论框架下，探讨了金融支持过度对房地产泡沫生成的作用。张涛和龚六堂等（2006）在一个两资产按揭贷款模型下，在不考虑供给因素的情况下，通过对家庭部门消费投资最优行为的分析，推导出了影响房地产价格的各类因素，指出房地产价格主要取决于家庭购买或持有房地产所带来的收益与成本的对比状况，所以既受房屋消费相对其他物品消费的边际效用和房屋租金收入等收益性因素的影响，也受购房机会成本、按揭贷款利率、折旧和税费等购买或使用成本的影响。王永钦和包特（2011）则借鉴了 De Long 等（1990）的噪音交易者模型，通过构建房地产泡沫模型，分析房地产税、首付率等不同住房政策对房地产泡沫形成的影响。刘民权和孙波（2009）则以商业地价为例，研究了现阶段中国土地批租制度对房地产泡沫生成的助推作用。

上述文献着重探讨的是资产泡沫出现的理论基础，它们试图通过研究特定市场条件下经济主体的最优化行为来探讨泡沫是如何产生的。但是，能够长期持久地形成泡沫的资产却是较少的，股票和房地产无疑是其中最具有代表性且易于出现价格泡沫的资产。上述文献有助于我们认识房地产泡沫形成的市场基础，但是对房地产之所以易于出现泡沫的内在属性却较少关注。不过，Blanchard 和 Fischer（1989）使用“鞅”的概念最先给出了“理性泡沫”的正式定义，并指出对以下三类资产，基本可以排除正向的确定性理性泡沫，即具有无限供给弹性或替代品易得的资产，在未来存在价格终端条件约束的资产，以及基本价值确定的资产。对比来看，房地产不属于以上三类资产，所以房地产可能形成泡沫。同时，很多文献对资产泡沫的研究也表明，任何一次资产泡沫的出现，都和特定历史发展阶段相关联，换句话说，就是一般都有基本面的利好消息作为支持，由于特定资产的属性和具体市场的特征，如果资产价格对这种利好呈现过度反映，那么资产泡沫就会易于形成。许多文献还强调货币金融因素对房地产价格的作用，认为作为一种耐用品，房地产具有资产属性，拥有该资产在稳态时获得的净回报率应与其他资产相等（Poterba，1984；Bruce 和 Holtz - Eakin，1999；Lastrapes，2002），货币冲击则可能对房地产价格产生影响。

房地产除了易于保存和持有、折旧年限较长等物质属性外，房地产的有限供给弹性、替代品稀少等则是房地产泡沫易于形成的经济属性。就中国而言，城镇化进程快速推进导致城市规模越来越大，供给弹性越来越小，加之租赁住房市场和小产权房地产市场发展不完善，使替代品更显稀少，这些因素都倾向于促使房地产价格上涨。例如，相比 2005 年，2016 年 35 个大中城市常住人口增长了 23.4%，特别是北京、天津、广州、深圳和合肥等地，常住人口增长都超过了 40%，人口激增带动了住房的刚性需求和城市边界的扩张，对房地产价格形成了强有力的支撑作用。不仅如此，中国还处于快速工业化时期，工业部门生产效率不断提高，房地产部门生产效率则提高有限，也对房地产价格具有助推作用。因此，正是中国的特定历史发展阶段，以及房地产作为一种资产的独特经济属性，使房地产价格具有了持续上涨的基础，在金融过度支持、持有和使用成本低廉的外部环境下，价格泡沫的出现最终成为现实可能。本章就试图通过构建一个包含两类生产部门的一般均衡模型，从理论上来深入探讨和剖析房地产的这种独特经济属性是如何助推房地产价格上涨的，并通过对中国事实数据的实证分析来验证由模型得出的相关结论。

二、理论模型

区别于许多主要从需求函数出发来探讨房地产价格波动的已有文献，我们尝试在一般均衡模型框架下来讨论房地产部门价格变动及家庭购买的问题。本章所构建的模型将包含家庭和厂商两类经济主体，并包含房地产部门和非房地产部门两个生产部门，来研究房地产价格变动和房地产购买的影响因素。

（一）基本模型

1. 生产部门

假定生产部门是由完全竞争厂商组成的。房地产和非房地产生产厂商的技术都具有道格拉斯生产函数形式。如果用下标 n 表示非房地产生产部门，用下标 h 表示房地产生产部门，令 $j\epsilon\{n,h\}$ ，则代表性厂商的生产函数为：

$$y_{j,t} = A_{j,t} k_{j,t}^{\alpha} l_{j,t}^{1-\alpha} \tag{1}$$

$y_{j,t}$ 是 t 期 j 部门的产出，$k_{j,t}$ 和 $l_{j,t}$ 分别是 j 部门用于生产的资本和劳动，$A_{j,t}$ 是 j 部门的生产技术，α 是资本产出弹性，$1-\alpha$ 是劳动产出弹性。这里假设两类生产部门的要素产出弹性相同，并有 $0<\alpha<1$ 。在完全竞争条件下，资本和劳动可以在两部门间自由流动，代表性企业产出被资本和劳动分配净尽，即最大化利润为零，故有：

$$r_{j,t} = A_{j,t} \alpha_j k_{j,t}^{\alpha_j-1} l_{j,t}^{1-\alpha_j} \tag{2}$$

$$w_{j,t} = A_{j,t}(1-\alpha_j) k_{j,t}^{\alpha_j} l_{j,t}^{-\alpha_j} \tag{3}$$

其中，$r_{j,t}$ 、$w_{j,t}$ 分别是 j 部门的资本边际产出和劳动边际产出，$k_{j,t}$ 是 j 部门代表性厂商的资本存量，$l_{j,t}$ 是代表性家庭在 j 部门的劳动时间。

2. 家庭部门

经济体有大量相同的无限期界的家庭，假定每一期它们以 1 单位的价格购买 $c_{n,t}$ 单位的非房地产产品，但都以 $q_{d,t}$ 的价格购买 $y_{d,t}$ 单位的房地产产品，因此 $q_{d,t}$ 是房地产与非房地产产品的相对价格。家庭持有房地产的动态积累方程为：

$$c_{d,t} = (1-\omega)c_{d,t-1} + y_{d,t} \tag{4}$$

其中，ω 是房地产的折旧率，有 $0<\omega<1$ 。式（4）也构成对家庭

消费行为的一个约束条件。

代表性家庭成员在每一时期具有 1 单位劳动，但在劳动需求约束下只能供给 $l_t < 1$ 单位的劳动，并且劳动在两部门间可以自由流动。家庭效用函数采用经典的对数效用函数。我们假定代表性家庭消费在相应的预算约束下最大化，其跨期效用函数为：

$$E_t \sum_{i=0}^{\infty} \beta^{t+i} (\ln c_{n,t+i} + \varphi_{t+i} \ln c_{d,t+i} - B l_{t+i})$$

其中，$\beta \epsilon (0,1)$ 是主观贴现因子，$c_{n,t}$ 是非房地产消费，$c_{d,t}$ 是房地产消费或持有。l_t 是 t 期家庭的劳动时间供给，它给家庭成员带来负的效用，因此系数 B 为正值。这里假定了家庭在非房地产部门和房地产部门提供的劳动是同质且可以自由流动的，并给家庭成员带来同等程度的负效用。φ_t 是家庭对房地产产品的偏好系数，假设家庭对房地产的偏好系数 φ_t 受上一期房地产相对价格影响，即如果上一期房地产相对价格上涨，则家庭可能通过适应性预期觉得房地产价格预期还会上涨，从而对购置房地产的偏好由此增强，即 φ_t 是 $q_{d,t-1}$ 的增函数。模型的这种设置依然表明产品消费是家庭效用的来源，但是也表明偏好系数的内生性也是影响家庭效用的重要因素，从而模型映射出家庭具有消费和投资两类行为。

家庭面临的预算约束为：

$$c_{n,t} + q_{d,t} y_{d,t} + k_{t+1} = l_t w_{n,t} + r_{n,t} k_t + (1 - \delta) k_t \tag{5}$$

其中，$k_t = k_{n,t} + k_{d,t}$，$l_t = l_{n,t} + l_{d,t}$。由于房地产部门和非房地产部门的名义劳动工资和名义资本租金都是相等的，家庭预算约束中两类部门的资本积累和劳动供给才能够用统一的形式来表达。δ 是非房地产与房地产生产部门的资本折旧率，这里假定了两部门具有相同的资本折旧率。

家庭在预算约束下效用最大化的一阶条件为：

$$\frac{\varphi_t}{c_{d,t}} - \frac{q_{d,t}}{c_{n,t}} + (1-\omega)\beta E_t \frac{q_{d,t+1}}{c_{n,t+1}} = 0 \tag{6}$$

$$\frac{1}{c_{n,t}} - \beta E_t \frac{1}{c_{n,t+1}}[r_{n,t+1} + (1-\delta)] = 0 \tag{7}$$

$$\frac{w_{n,t}}{c_{n,t}} = B \tag{8}$$

3. **均衡条件**

房地产产品的市场均衡条件就是家庭持有房地产的动态积累方程(4)。非房地产产品的市场均衡条件为：

$$c_{n,t} + i_{n,t} + i_{d,t} = y_{n,t} \tag{9}$$

其中，$i_{n,t}$ 表示第 t 期的非房地产部门投资，$i_{d,t}$ 示第 t 期的房地产部门投资，而且有 $i_{n,t} = k_{n,t+1} - (1-\delta)k_{n,t}$ ，$i_{d,t} = k_{d,t+1} - (1-\delta)k_{d,t}$ 。这意味着非房地产部门的产品一部分用于家庭消费，另有一部分用作两个部门的资本积累，而房地产产品只被家庭消费或持有。

由于市场是完全竞争的，资本和劳动在两部门自由流动，所以两部门的名义资本租金和名义工资也是相同的，这两个均衡条件已经被应用于家庭预算约束公式中。即有：

$$w_{n,t} = q_{d,t} w_{d,t} \tag{10}$$

$$r_{n,t} = q_{d,t} r_{d,t} \tag{11}$$

（二）模型稳态和比较静态

1. **模型稳态**

由式（7）的稳态表达式可得资本租金的稳态值：

$$r_n = \frac{1}{\beta} - (1-\delta) \tag{12}$$

由式（3）的稳态表达式及式（12）可得工资的稳态值：

$$w_n = A_n^{\frac{1}{1-\alpha}}(1-\alpha)\left[\frac{1-\beta(1-\delta)}{\alpha\beta}\right]^{\frac{\alpha}{\alpha-1}} \tag{13}$$

由式（8）的稳态表达式及式（13）可得非房地产产品的稳态消费值：

$$c_n = \frac{A_n^{\frac{1}{1-\alpha}}}{B}(1-\alpha)\left[\frac{1-\beta(1-\delta)}{\alpha\beta}\right]^{\frac{\alpha}{\alpha-1}} \tag{14}$$

由式（6）的稳态表达式及式（14）可得房地产的稳态消费或持有值：

$$c_d = \frac{\varphi A_n^{\frac{1}{1-\alpha}}(1-\alpha)\left[\frac{1-\beta(1-\delta)}{\alpha\beta}\right]^{\frac{\alpha}{\alpha-1}}}{Bq[1-\beta(1-\omega)]} \tag{15}$$

由式（4）的稳态表达式及式（15）可得房地产部门的稳态产出值：

$$y_d = \frac{\varphi\omega A_n^{\frac{1}{1-\alpha}}(1-\alpha)\left[\frac{1-\beta(1-\delta)}{\alpha\beta}\right]^{\frac{\alpha}{\alpha-1}}}{Bq[1-\beta(1-\omega)]} \tag{16}$$

由式（2）和式（3）、式（10）和式（11）的稳态表达式可推得：

$$q = \frac{A_n}{A_d}\left(\frac{\frac{k_n}{l_n}}{\frac{k_d}{l_d}}\right)^{\alpha} = \frac{A_n}{A_d}\left(\frac{\frac{k_n}{l_n}}{\frac{k_d}{l_d}}\right)^{\alpha-1}$$

由于$\frac{k_n}{l_n}$不能为零，从而有$\frac{k_n}{l_n}=\frac{k_d}{l_d}$，即两部门具有相同的资本劳动比，由此可得房地产相对价格的稳态值为：

$$q = \frac{A_n}{A_d} \tag{17}$$

2. **比较静态**

式（17）形式上比较简单，但是却透露出了某种重要的信息，意味着即使在不存在货币的情况下，只要房地产部门和非房地产部门的生产技术发生变化，房地产的相对价格 q（亦是实际价格）就会发生变化。如果非房地产部门的生产技术提高，那么房地产的相对价格 q 就会上涨。在现实生活中，由于房地产部门主要是对工业材料的某种形式的建筑组装，它的生产技术提高较慢，而非房地产部门，特别是工业生产部门，则是技术创新的主要领域，生产技术提高较快，从而 A_n 提高的速度远高于 A_d 提高的速度，导致稳态情况下的 q 值不断提高。不仅如此，如果考虑到人口的增长和城市规模的不断扩张，用于房地产建设的土地越来越外缘化和郊区化，若将由此引发的房地产产出效率的级差式下降也作为影响 A_d 生产技术的一种因素，则 A_d 也会趋于降低，在其他条件不变的情况下，房地产的相对价格也会趋于提高。房地产相对价格的这些变化特征可以归纳为以下结论。

结论一：房地产部门生产效率相对于非房地产部门提高较慢，甚至在城市扩张情形下还会因土地价值的级差式下降而下滑，房地产相对价格由此呈现不断升高趋势，加之房地产自身具有易于持有或保存的固定资产属性，在工业化和城镇化推进阶段，具有天然的保值甚至增值功能。

那么，两部门生产技术变动或者房地产相对价格变动对家庭房地产持有或消费数量有什么影响呢？我们将式（17）代入式（15），则有：

$$c_d = \frac{\varphi A_d^{\frac{1}{1-\alpha}}(1-\alpha)\left[\frac{1-\beta(1-\delta)}{\alpha\beta}\right]^{\frac{\alpha}{\alpha-1}}}{B[1-\beta(1-\omega)]} \tag{18}$$

在上式中，易知 $\frac{\varphi(1-\alpha)\left[\frac{1-\beta(1-\delta)}{\alpha\beta}\right]^{\frac{\alpha}{\alpha-1}}}{B[1-\beta(1-\omega)]}>0$，如果各参数都是

外生的，当 A_d 变动时，家庭对房地产的持有或消费规模 c_d 也会同向变动，不过 c_n 不受影响。由于式（18）并不包含 A_n ，A_n 的变化对 c_d 并没有影响，而 c_n 则会同向变动。

家庭对房地产的持有或消费规模 c_d 随 A_d 下降而下降从理论上易于理解，因为房地产部门的效率下降，家庭最优化行为的结果势必会减少该部门产品的持有或消费。但是，这一点却与可以观察到的家庭增加房地产持有或消费的现实不相符合。事实上，随着人们收入的增长和支出结构的变化，甚至出于保值增值的目的，家庭对房地产的偏好也与日俱增，即参数 φ 将增大，如果其增长的幅度超过了 A_d 下降的幅度，那么 c_d 仍然是增长的。

此外，比较式（16）和式（15），两者仅相差一个乘数项 ω ，因此房地产的供给 y_d 与家庭对房地产的持有或消费 c_d 对两部门生产技术的变动的反应是同方向的，但是由于 $0 < \omega < 1$ ，y_d 的反应程度要比 c_d 小得多。这意味着如果在原有稳态处发生偏好或者技术冲击，那么 $y_{d,t}$ 的动态反应要比可观察到的新的稳态值 y_d 剧烈许多，因为只有这样，c_d 才能逐渐由原有稳态向新的稳态收敛。

（三）模型的扩展

在基本模型中，我们假定了房地产部门和非房地产部门的生产函数具有相同的要素产出弹性，如果两者不相同又会是一种什么样的情形呢？我们分别以 α_n 和 α_d 表示房地产部门和非房地产部门的资本产出弹性，相应地分别以 $1-\alpha_n$ 和 $1-\alpha_d$ 来表示相应部门的劳动产出弹性，经过一系列推导，我们可以得到下式：

$$q=\frac{\dfrac{r_n}{A_d\alpha_d}\left(\dfrac{r_n}{A_n\alpha_n}\right)^{-\frac{1-\alpha_d}{1-\alpha_n}}}{\left[\dfrac{\alpha_n(1-\alpha_d)}{\alpha_d(1-\alpha_n)}\right]^{1-\alpha_d}} \tag{19}$$

就 q 对 A_n 求导，易得 $\mathrm{d}q/\mathrm{d}A_n>0$，所以，即使在两部门要素产出弹性不同的情形下，非房地产部门生产技术的提高也将促使房地产相对价格上升。从上式还易于观察到，当 A_d 变化时，q 将会反方向变化，即房地产部门生产技术下降，也会引起房地产相对价格的上升。当然，尽管两部门生产技术变化对房地产相对价格的影响方向没有发生变化，但是影响程度却会发生变化。

如果就 q 分别对 α_n、α_d 求导，经过一系列推导，并利用式（2）和式（3）我们可以得到式（20）和式（21）：

$$\frac{\mathrm{d}q/\mathrm{d}\alpha_n}{q}=-\frac{1-\alpha_d}{(1-\alpha_n)^2}\ln\frac{r_n}{A_n\alpha_n}=\frac{1-\alpha_d}{1-\alpha_n}\ln\frac{k_n}{l_n} \tag{20}$$

$$\frac{\mathrm{d}q/\mathrm{d}\alpha_d}{q}=\frac{\ln\dfrac{r_n}{A_n\alpha_n}}{1-\alpha_n}+\ln\frac{\alpha_n(1-\alpha_d)}{\alpha_d(1-\alpha_n)}=-\ln\frac{k_d}{l_d} \tag{21}$$

由家庭效用最大化行为可知 $r_n=\dfrac{1}{\beta}-(1-\delta)$，以上两式中要素产出弹性对房地产相对价格的影响主要取决于内生变量相关参数的大小，直观来看，主要取决于房地产部门和非房地产部门的资本劳动比的大小。当非房地产部门资本产出弹性 α_n 提高时，若本部门资本劳动比大于1，则 $\dfrac{\mathrm{d}q/\mathrm{d}\alpha_n}{q}$ 将大于0，即房地产相对价格增长率为正；若资本劳动比小于1，则相反。当房地产部门资本产出弹性 α_d 提高时，若本部门资本劳动比大于1，则 $\dfrac{\mathrm{d}q/\mathrm{d}\alpha_d}{q}$ 将小于0，即房地产相对价格增长率为负；

若资本劳动比小于1，则相反。

由以上分析可知，在要素产出弹性不同的时候，部门生产技术的变化对房地产相对价格的影响与基本模型描述的情形相同，但是要素产出弹性变化对房地产相对价格的影响却不十分确定，它与不同经济发展阶段及在该阶段产业的生产特征密切相关。由此得到以下推论。

结论二：在本部门资本劳动比足够大时，房地产部门资本产出弹性的提高或劳动产出弹性的下降将促使房地产相对价格趋于下降，而非房地产部门资本产出弹性的提高或劳动产出弹性的下降将促使房地产相对价格趋于上升。

对于一个处于快速发展中的经济体而言，部门要素产出弹性变化是比较快的，促使经济体不断从一个稳态过渡到另一个稳态，在此过程中也不断推动着部门相对价格发生巨大变化。

三、实证检验

上述理论模型告诉我们，一个经济体在生产技术、经济结构和城镇化都呈现剧烈变化的发展阶段，城市房地产自身具有良好的保值和增值功能。房地产这一保值增值性质对房地产价格泡沫的形成具有重要意义。由于现实经济中的家庭是异质的，部分家庭就有可能购买更多的、超过自身所需的房地产，并待其升值后将其出售给其他家庭。如果这样的家庭购买的房地产越来越多，致使房地产的需求超过房地产的供给，那么房地产的价格将更多地由需求决定，最终脱离实际价值而趋于泡沫化。在房地产按揭贷款制度被引进后，同时当贷款利率明显低于房地产价格预期涨幅时，房地产价格的泡沫化趋势将进一步加剧。由于本章并非主要讨论房地产价格泡沫化的具体形成机制，而是探讨房地产易于呈现价格泡沫化的基本属性，故家庭异质性和按揭贷款制度等影响房地产价格涨跌的因素并没有在模型中予以讨论，这里只是指出模型所揭示的房地产具有保值增值功能的基本属性对房地产价格泡沫化的本质作用。我们更为关心的问题是，现实数据是否支撑理论模型所得出的相关结论？本章将主要根据中国的相关经验事实来探讨这一问题。

（一）随机前沿生产函数模型的构建

由理论模型所得出的结论表明，房地产部门与其他经济部门生产技术的相对变化是影响房地产相对价格的重要因素。那么，自改革开放以来，中国房地产部门和其他经济部门的生产技术是否出现了显著的相对变化呢？为了便于比较，我们将主要考察房地产部门与工业生产部门的生产技术变化情况。传统的生产函数只反映样本各投入因素与平均产出之间的关系，称为平均生产函数，而前沿生产函数则对既定的投入因素进行最佳组合，计算所能达到的最优产出，即“前沿面”。参数型前沿生产函数又分为确定性前沿生产函数和随机性前沿生产函数，后者将生产非效率区分为企业不能控制的随机误差项和企业可以控制的技术损失误差项。我们的研究目的并不主要是考察技术效率的改善问题，但是采用随机前沿生产函数能够将生产非效率部分进行剥离，可以得到“前沿面”层次下的技术进步项和要素产出弹性，因此，本章拟采用随机前沿生产函数来比较房地产部门和其他部门技术进步的情况，以及比较要素产出弹性变化的情况，来验证理论模型的相关结论。我们以柯布—道格拉斯生产函数（C－D 生产函数）为基础，来构建用以实证分析的随机前沿生产函数。假设技术进步由时间趋势项来表示，带有时间趋势的 C－D 生产函数的具体形式如下：

$$y_t = e^{A_t} k_t^{\alpha} l_t^{1-\alpha} \tag{22}$$

那么以其为基础构建的对数形式的随机前沿生产函数计量方程可以表示成如下形式：

$$\ln\left(\frac{y_{i,t}^{j}}{l_{i,t}^{j}}\right)=\beta_{i,0}^{j}+\beta_{i,k}^{j}\ln\left(\frac{k_{i,t}^{j}}{l_{i,t}^{j}}\right)+\beta_{i,t}^{j}t+\left(v_{i,t}^{j}-u_{i,t}^{j}\right) \tag{23}$$

其中，$j\epsilon\{n,b,h\}$，n 表示工业部门，b 表示建筑业部门，h 表示房地产开发部门，$y_{j,t}$、$k_{j,t}$、$l_{j,t}$ 分别表示 j 部门 t 时期的产出、资本存量和劳动投入，t 为反映长期技术进步的时间趋势项，β 为需要估计的系数项，$v_{i,t}$ 代表随机误差项，$u_{i,t}$ 代表技术无效率项，v 和 u 相互独立，其中 $v\sim N(0,\sigma_v^2)$，$u\sim N(\mu,\sigma_u^2)$。由于包含了三个部门，上式事实上含有 3 个方程。其中，建筑业部门是房屋的建造者，属于广义上的房地产部门，同时也是本章所谓房地产部门的主体，它的生产效率事实上决定了房地产产品的生产效率。根据理论模型，建筑业预期生产效率的提升会低于制造业部门。房地产开发部门在房屋的建造中主要发挥了协调和服务作用，对房地产产品生产效率的影响并不明显，不过，由于开发周期的存在和所持土地的稀缺性日增，房地产开发部门成为房地产价格上涨的直接受益者，从这个角度可以预期，房地产开发部门以全要素生产率衡量的生产效率应该随着房地产价格的走高而上升。

（二）变量设计与数据说明

本章模型估计所使用的变量及其含义如下：工业部门、建筑业部门和房地产部门的增加值皆以 2000 年为基期的不变价格增加值。其中，工业部门为规模以上工业企业增加值，根据各地区每年实际同比工业增加值增速推算而得；建筑业部门增加值由各地区 GDP 平减指数进行折算；房地产开发部门的名义增加值则由各地区房地产开发企业营业利润、本年折旧、应付工资总额（平均就业人员数×行业平均工资）和销售税金及附加等指标加总而得，再以各地区 GDP 平减指数进行折算而得出实际值。三部门资本投入皆以固定资本形成存量来表示，先根据每年全国固定资产投资与固定资本形成的比率测算各部门的固定资本形成率，再以 2000 年估测的各部门固定资本存量为基数进行累加，最后以各地区 GDP 平减指数进行折算而得出实际值。三部门劳动投入都以年平均就业人员数来表示，取各地区三部门 12 个月就业人数的平均值。

本章选择 2000—2015 年为样本区间，所采用的 31 个省市区的面板数据主要来自 2001—2013 年的《中国工业经济统计年鉴》和 2014—2016 年的《中国工业统计年鉴》、2001—2016 年的《中国建筑业统计年鉴》、Wind 资讯数据库、中华人民共和国国家统计局网站等，部分来自全国各省市自治区统计年鉴。此外，2012 年各地区工业平均就业人数、2004 年和 2013 年房地产开发部门增加值和固定资产等数据缺失，通过 MATLAB 采用三次样条插值法获得估测值。

（三）实证结果

本章使用 Frontier 4.1 对随机前沿生产函数进行估计。我们首先对 2000—2015 年工业部门、建筑业部门和房地产开发部门的随机前沿生产函数模型方程进行估计，然后为了比较资本产出弹性变化情况，再分别对 2000—2007 年、2008—2015 年的各部门随机前沿生产函数模型方程分段估计，估计结果见表 7-1 和表 7-2。

我们首先观察表 7-1 中对 2000—2015 年全样本时期的估计结果。表 7-1 显示，除了工业部门常数项系数估计值和房地产开发部门 γ 估计值在统计上不显著外，其余变量系数或参数估计值都在 1% 的统计水平上显著。工业部门和建筑业部门 γ 估计值显著，表明两部门生产存在显著的技术效率损失，房地产开发部门则不存在显著的技术效率损失。

工业部门和建筑业部门的 η 估计值显著且不为零，表明两部门的技术效率损失存在一定的时间趋势性，不过由于数值较小，这种趋势不是很明显。建筑业部门 μ 估计值较大，达到 1.551，表明该部门技术效率损失的程度较高。三部门中，资本产出弹性 $\ln(k/l)$ 的系数估计值最大的是房地产开发部门，达到 0.875，即在劳动投入量不变和不考虑时间趋势项的情形下，资本投入每增加 1%，部门产出将增加 0.875%；资本产出弹性估计值最小的是工业部门，为 0.596；建筑业部门的资本产出弹性为 0.634。基于研究目的，我们最关心的是反映长期技术进步的时期 t 的系数估计值大小，表 7－1 显示，工业部门这一估计值为 0.112，意味着即使资本劳动投入不变，产出的单一时期增长率仍然可以达到 11.2%。与之相比，建筑业部门这一数值明显偏低，为 0.077，房地产开发部门甚至为负，为 －0.096。这充分反映出作为广义房地产部门范畴的建筑业部门和房地产开发部门，技术进步是远远落后于工业部门的，对由上文理论模型推理出的结论一形成有力支撑，表明技术提升相对较慢甚至下降是房地产相对价格趋于上涨的技术基础。

表 7－1　各部门随机前沿生产函数全部时期估计结果

变量	工业部门		建筑业部门		房地产开发部门	
	估计值	T 统计量	估计值	T 统计量	估计值	T 统计量
常数项	－0.078	－0.738	0.522***	8.381	－1.158***	－2.917
$\ln(k/l)$	0.596***	23.113	0.634***	20.961	0.875***	13.329
t	0.112***	18.215	0.077***	15.866	－0.096***	－4.905
σ	0.275***	6.145	0.621***	11.073	0.192***	5.907
γ	0.786***	41.371	0.969***	300.560	0.074	1.132
μ	0.930***	7.274	1.551***	10.500	0.238***	2.982
η	－0.069***	－7.978	－0.052***	－18.396	0.138***	10.549

注：***、** 和 * 分别表示 1%、5% 和 10% 的显著水平。

那么，各部门要素产出弹性又是如何变化的呢？表7-2显示，在分时期估计中，2000—2007年，各部门方程中 η 估计值都不显著，即技术效率损失都不存在时间趋势；2008—2015年，工业部门和房地产开发部门 μ 估计值无法在5%显著水平上通过检验，即无法拒绝两部门技术效率损失均值为0的假设。这些估计结果表明，2008年以前和以后，中国各部门生产出现了某种程度的结构性变化，导致技术效率损失程度和趋势都与2000—2015年全时段的方程估计结果出现明显的不一致。从资本产出弹性的变化来看，工业部门、建筑业部门和房地产开发部门都呈现出升高的态势，其中房地产开发部门提高幅度最大，工业部门则最小。这里还有一个问题，就是2008—2015年房地产开发部门的资本产出弹性达到1.036，在生产函数希克斯中性假设下，劳动产出弹性将为负，这通常不符合现实。这主要是因为生产函数模型中增加了时间趋势项，严格来说这种包含了时间趋势的生产函数已经不具有希克斯中性，表面上的劳动产出弹性为负是由于劳动投入带来的部分产出为时间趋势项所剥离，如果没有这种时间趋势，除非在企业劳动力投入严重剩余的极端情况下，否则劳动产出弹性将仍然为正。事实上，如果不考虑时间趋势，2008—2015年房地产开发部门生产方程的估计结果显示，资本产出弹性为0.822，对应的劳动产出弹性为0.178。由于我们主要关注要素产出弹性的变化情况，而不是关注要素产出弹性的绝对水平，采用含有时间趋势项的方程仍然是合适的。由于工业部门资本产出比通常是大于1的，根据上文的理论模型，工业部门的资本产出弹性提高将倾向于提高房地产的相对价格，建筑业部门和房地产开发部门资本产出比通常也是大于1的，其资本产出弹性的提高则倾向于拉低房地产的相对价格。因此，从要素产出弹性变化的角度来看，房地产相对价格具有向下的趋势，但是，由于部门技术进步的差距对房地产相对价格的影响要远大于要素产出弹性，致使生产供给层面对房地产相对价格的影响最终呈现出了正向推动效应，即房地产的独特经济属性在推动房地产价格上涨中仍然发挥了重要的作用。

表 7-2　各部门随机前沿生产函数分时期估计结果

时期	变量	工业部门		建筑业部门		房地产开发部门	
		估计值	T 统计量	估计值	T 统计量	估计值	T 统计量
2000—2007 年	常数项	0.320*	1.898	0.612***	5.001	-0.171	-0.461
	$\ln(k/l)$	0.551***	15.197	0.558***	10.397	0.455***	6.994
	t	0.079***	4.592	0.071***	8.191	0.165***	7.269
	σ	0.162***	3.877	0.211***	4.923	0.608***	3.588
	γ	0.518***	6.881	0.938***	102.103	0.727***	13.257
	μ	0.579***	3.983	0.890***	7.463	1.330***	4.211
	η	0.009	0.282	-0.061	-6.627	-0.030	-1.602
2008—2015 年	常数项	0.556	0.840	0.618***	7.333	-1.555***	-4.494
	$\ln(k/l)$	0.574***	2.841	0.609***	15.635	1.036***	15.737
	t	0.112***	3.822	0.076***	8.168	-0.150***	-8.065
	σ	0.470***	5.771	0.370***	8.410	0.581	0.797
	γ	0.990***	567.164	0.979***	493.462	0.837***	3.877
	μ	1.364	1.609	1.203***	2.609	-1.394	-0.479
	η	-0.048***	-7.584	-0.050***	-9.670	0.088***	2.852

注：***、**和*分别表示1%、5%和10%的显著水平。

四、结论

文章在一般均衡的基础上论证了房地产这一物品的经济属性，即部门生产技术相对于其他部门特别是工业部门提高速度较慢，将使房地产相对价格趋于上升。我们的经验模型也在一定程度上验证了建筑业部门和房地产开发部门等广义房地产部门生产技术提高较慢的事实。但是，实证检验的结论表明，部门技术差距并不足以推动中国房地产相对价格大幅上涨。那么如何来理解这一点呢？其实，这主要是因为房地产稀缺性的影响在我们的模型中只是隐含在生产技术中，没有被显性化，它对房地产价格的影响并没有在估计结果中得到应有的体现。随着城市人口的增长和城市规模的增加，中心区域相对郊区而言，交通便捷省时和公共服务设施完善的优势日渐突出，但同时可供地越来越少，从而推动土地成本上升，在两要素投入模型中将体现为生产技术 A_d 的下降。如果考虑到这一因素，房地产生产技术不升反降，将极大地推高房地产的相对价格水平。同时，由于房地产是寿命可达数十年，甚至上百年的资产，其价格受到包含土地级差成本在内的部门技术差距的正向影响也是巨大的，而要素产出弹性变化对房地产相对价格的负向影响则显得微不足道。正是有了这样的预期，在没有房地产持有税且又具有按揭贷款便利的政策环境下，出于刚需、投资和投机等目的的大批房地产购买者才会不断入市，逐渐使房地产演变成为消费属性弱化、资产属性凸显的投资品。

文章的结论给了我们什么启示呢？由于房地产是一种人们工作和生活的必需品，我们既要尊重房地产天然升值的经济属性，允许房地产价格一定幅度的上涨，以此保证房地产市场的活力，同时又要极力避免房地产价格的泡沫化，以防不公平收入再分配的发生和经济活动成本的过度提高，从而伤及社会公平和经济效率。本章的结论从另一个角度告诉我们，在控制房地产价格过度上涨方面，管理部门应该有所作为，要通过增加房地产的交易成本和持有成本，降低房地产投资者或投机者的收益成本比率，有效对冲房地产价格中的泡沫成分，使房地产价格的上涨只反映技术进步差距和土地区位差异等基本因素，而这些政策就主要包括房地产税的开征及房地产融资利率的提高，恰恰在这两个方面，现有政策的实际操作还有很大欠缺，未来房地产管理重点应该主要转移到金融和税收政策的再调整上，而不是过度依赖简单的行政性限购和许多细枝末节的管理。

第八章　非对称部门冲击下的结构性货币政策

一、引言

经过数十年高速发展的中国经济，当前的增长正转向中低速，经济部门之间的表现差异化加剧，一些部门特别是房地产部门成为各类生产要素争相涌入的领域，而其他许多部门则面临着成本上升、技术创新迟缓等问题，增长速度出现较大幅度的波动。货币政策通常重视总量调节，关注总产出缺口和通货膨胀缺口，而对部门产出的关注度远远不够。针对中国的实际情况，央行已开始强调金融的结构问题，尝试通过结构性货币政策化解社会资金“脱实向虚”的难题。虽然央行在结构性货币政策方面已经引入了短期借贷便利、中期借贷便利和抵押补充贷款，以及针对“三农”、小微企业推行再贷款政策和定向降准政策，在结构性货币政策方面做了有益的尝试，但是这些政策仍然缺乏足够的力度，而且多止于操作层面，缺少一个较为系统、具有目标性的结构性货币政策。

学术界，主要是国内学术界从理论角度对结构性货币政策进行了一系列探讨，主要对近年来央行的结构性货币目标和政策操作实践进行了梳理和剖析，并从实证的角度论证了结构性货币政策有利于“新常态”下经济结构的转型（陈炳才，2010；刘伟和苏剑，2014；张晓慧，2015；卢岚和邓雄，2015），但也缺少对结构性货币的目标和传导机制进行理论分析和实证检验。此外，也有很多学者侧重从利率期限结构和金融市场结构的角度，对有关政策工具的传导机制和实现条件进行分析（余振和顾浩等，2016；刘岚飚和尹海晨等，2017），但缺少部门联系和经济稳定层面的宏观分析。另有一些学者直接针对房地产价格调控就货币政策进行了研究（赵进文和高辉，2009；肖争艳和彭博，2011；何孝星和陈颖等，2016），对货币政策的部门结构效应进行了积极探索，但主要限于分析房地产价格调控对货币政策的影响，并没有能够建立起一个统一的、完善的理论框架。因此，尽管已经有很多学者对结构性货币政策的某些方面进行了卓有成效的研究，但是结构性货币政策的政策目标、传导机制和理论基础仍然需要进一步充实和完善。

因此，本章试图构建一个包含房地产等耐用品部门和其他非耐用品部门的两部门 DSGE 模型，从动态随机一般均衡的角度探讨和比较无差异利率政策、差异利率政策、带有常数货币增长规则的无差异利率政策和带有常数货币增长规则的差异利率政策等货币政策的适用性，一方面从理论上拓展对结构性货币政策的认知，另一方面为央行结构性货币政策操作实践提供一些启示。

二、理论模型

本章重点借鉴 Barsky 和 Boehm（2015）提出的包含耐用品和非耐用品两个生产部门的模型，并将该模型主要在以下三个方面进行了拓展：一是在模型家庭预算约束条件中加入了 CIA（Cash In Advance）约束；二是增加了金融中介部门，并由金融中介部门向生产部门提供贷款作为营运资本发放工资；三是假设非耐用品和耐用品生产部门营运资本利率存在差异，从而可以考察结构性货币政策对模型变量可能产生的影响。

1. **家庭部门**

代表性家庭分别从当期非耐用品消费和耐用品净存量中获得正效用，从当期所提供的劳动中获得负效用。代表性家庭终生效用函数为：

$$E_0 \sum_{t=0}^{\infty} \beta^t \left[U(C_t, D_t) - \psi^n \frac{\eta}{\eta + 1} N_t^{\frac{\eta+1}{\eta}} \right] \tag{1}$$

其中，C_t 表示 t 期家庭非耐用品消费量，D_t 表示 t 期耐用品存量，N_t 表示 t 期家庭所提供的劳动，是家庭在非耐用品部门提供的劳动N_t^c 和在耐用品部门所提供的劳动 N_t^x 的总和。而且各部门劳动所带来的负效用无差别，β 是家庭跨期主观贴现因子，η 代表 Frisch 劳动供给弹性，ψ^n 代表劳动偏好。效用函数 $U(x)$ 和耐用品存量动态演变表达式的具体形式如下：

$$U(C_t, D_t) = \frac{\sigma}{\sigma - 1} \left\{ \left[\psi^c C_t^{\frac{\delta-1}{\delta}} + (1 - \psi^c) D_t^{\frac{\delta-1}{\delta}} \right]^{\frac{\delta}{\delta-1}} \right\}^{\frac{\sigma-1}{\sigma}}$$

$$D_t = (1 - \delta_d) D_{t-1} + X_t \tag{2}$$

$U(C_t, D_t)$ 的表达式中 σ 是效用函数的跨期替代弹性，δ 是家庭消费非耐用品和耐用品的替代弹性，ψ^c 是家庭非耐用品的消费权重，相应地（$1 - \psi^c$）是耐用品的消费权重；式（2）中 X_t 表示家庭在 t 期购买的耐用品，D_{t-1} 是 $t - 1$ 期耐用品存量，δ_d 是折旧率。

家庭购买非耐用品时必须使用货币，即满足 CIA 约束：

$$P_t^c C_t + P_t^x X_t \leqslant g_t^f M_{t-1} - B_t \tag{3}$$

其中，P_t^c 表示非耐用品的价格，P_t^x 表示耐用品的价格，M_{t-1} 是家庭

在 $t-1$ 期期末持有的货币，B_t 是家庭在 t 期期初在金融中介的储蓄，C_t 是家庭的消费，$(g_t^f - 1)M_{t-1}$ 是政府财政部门对家庭进行的一次性货币补贴。式（3）表明，家庭上期期末持有的货币和当期来自政府的货币补贴，一部分用来购买本期消费的非耐用品和耐用品，另一部分用来储蓄。除 CIA 约束外，家庭面临的流量约束如下：

$$M_t + P_t^c K_{t+1} = W_t N_t + R_t K_t + i_t^b B_t + (1-\delta_k) P_t^c K_t + \Xi_t - T_t \quad (4)$$

模型资本在非耐用品生产部门和耐用品生产部门之间是自由流动的，劳动在两类生产部门间也是自由流动的，非耐用品和耐用品中间产品生产商面临相同的名义资本报酬率和劳动工资。i_t^b 是家庭储蓄的名义总利率，Ξ_t 是家庭从具有垄断竞争性质的中间品生产部门获得的利润，T_t 是家庭向政府缴纳的一次性总额税收。

在式（2）至式（4）的约束下，由家庭最大化终生效用函数的一阶条件可以得到：

$$\beta E_t \frac{g_{t+1}^f U_{c,t+1}}{P_{t+1}^c} = \frac{U_{c,t}}{i_t^b P_t^c} \quad (5)$$

$$\psi^n N_t^{\frac{1}{\eta}} = \frac{U_{c,t} W_t}{i_t^b P_t^c} \quad (6)$$

$$\frac{U_{c,t} P_t^x}{P_t^c} - U_{D,t} = \beta(1-\delta_d) E_t \frac{U_{c,t+1} P_{t+1}^x}{P_{t+1}^c} \quad (7)$$

$$\frac{U_{c,t}}{i_t^b} = \beta E_t \frac{U_{c,t+1}[R_{t+1} + (1-\delta_k) P_{t+1}^c]}{i_{t+1}^b P_{t+1}^c} \quad (8)$$

其中，$U_{c,t} = [\psi^c C_t^{h\frac{\delta-1}{\delta}} + (1-\psi^c) D_t^{\frac{\delta-1}{\delta}}]^{\frac{\sigma-\delta}{\sigma(\delta-1)}} \psi^c C_t^{h\frac{-1}{\delta}}$，$U_{D_t,t} = [\psi^c C_t^{h\frac{\delta-1}{\delta}} + (1-\psi^c) D_t^{\frac{\delta-1}{\delta}}]^{\frac{\sigma-\delta}{\sigma(\delta-1)}} (1-\psi^c) D_t^{\frac{-1}{\delta}}$。

2. **最终产品生产企业**

无论是非耐用品还是耐用品，最终产品都由相应部门的某个或某类完全竞争的企业根据常替代弹性形式的生产函数对中间产品进行“打包”而成：

$$Y_t^j = \left[\int_0^1 y_t^j(s)^{\frac{\varepsilon_t^j - 1}{\varepsilon_t^j}} ds\right]^{\frac{\varepsilon_t^j}{\varepsilon_t^j - 1}} \tag{9}$$

其中，$j \in \{c, x\}$，c 表示非耐用品部门，x 表示耐用品部门。Y_t^j 表示 j 部门最终产品的实际产出，$\varepsilon_t^j > 1$ 表示 j 部门生产企业“打包”所消耗的中间产品的替代弹性。$s \in [0,1]$ 表示中间产品生产企业的连续性，每个中间产品的生产企业生产与其他企业不同的中间产品，这也意味着中间产品生产企业具有一定的市场垄断地位。

最终产品市场是完全竞争的，根据最终产品生产企业利润最大化行为可以推导出最终产品对某类中间产品 $y_t^j(s)$ 的需求函数及最终产品价格 P_t^j 的定价规则：

$$y_t^j(s) = Y_t^j\left[\frac{P_t^j(s)}{P_t^j}\right]^{-\varepsilon_t^j} \tag{10}$$

$$P_t^j = \left[\int_0^1 P_t^j(s)^{1-\varepsilon_t^j} ds\right]^{\frac{1}{1-\varepsilon_t^j}} \tag{11}$$

3. **中间产品生产企业**

非耐用品部门和耐用品部门的每个中间产品生产企业都依据柯布—道格拉斯生产函数组织生产：

$$y_t^j(s) = Z_t^j\,[k_t^j(s)]^{\alpha}\,[n_t^j(s)]^{1-\alpha} \tag{12}$$

其中，Z_t^j 表示 j 部门中间产品生产企业面临的生产冲击，α 是两部门的资本产出弹性系数，$1-\alpha$ 是两部门的劳动产出弹性系数，这里假定两个部门具有相同的要素产出弹性。同时，模型假定中间产品生产企业必须从银行等金融中介机构贷款来发放工资，非耐用品和耐用品中间产品生产企业获得贷款的利率分别是 i_t^c 和 i_t^x 。

中间产品生产企业都是垄断竞争型，为自己所生产的中间产品选择价格 $P_t^j(s)$ 来最大化企业利润。企业最大化利润时，也正是在进行成本最小化，在生产函数的约束下，企业成本最小化行为使下式成立：

$$\frac{k_t^j(s)}{n_t^j(s)}=\frac{K_t^j}{N_t^j}=\frac{\alpha}{1-\alpha}\frac{i_t^j W_t}{R_t}$$

$k_t^j(s)$ 和 $n_t^j(s)$ 分别表示部门 j 的企业 s 组织生产所投入的资本和劳动，由于各部门内部每个企业面临相同的名义工资、资本租金和生产技术，因此每个企业的资本劳动比都是相同的，都等于部门总的资本劳动比，同时由于要素产出弹性相同，两部门也具有相同的资本劳动比。

由于在每期，每个部门内部的所有企业都面临相同的工资、资本租金和生产技术，其边际成本都是相等的，由企业成本最小化行为可以得到：

$$MC_t^j=\frac{i_t^j W_t}{Z_t^j}\frac{1}{1-\alpha}\left(\frac{K_t^j}{N_t^j}\right)^{-\alpha} \tag{13}$$

将部门资本劳动比率表示为工资和资本租金的函数，上式可以进一步表示为下述形式：

$$MC_t^j=\frac{i_t^j W_t}{Z_t^j(1-\alpha)}\left[\frac{R_t(1-\alpha)}{\alpha i_t^j W_t}\right]^{\alpha}$$

模型假设垄断竞争型的中间产品生产企业用拇指规则来调整价格，即在每一期各中间产品生产部门都有 ρ^j 比例的企业会用前一期的总通货膨胀率 $\pi_{t-1}^j=P_{t-1}^j/P_{t-2}^j$ 来调整，而剩余的 $1-\rho^j$ 比例的企业则会按照最优的水平重新定价，其中 $j\epsilon\{c,x\}$，即非耐用品生产部门和耐用品生产部门中间产品具有不同的价格黏性。同时，非耐用品和耐用品部门中间产品生产商在每一期都会从政府那里分别收到相当于产出 τ_t^c、τ_t^x 比例的补贴。按照以上规则，非耐用品和耐用品中间厂商选择价格来最大化预期利润：

$$\max_{P_t^j(s)} E_t = \sum_{t=i}^{\infty} (\rho^j\beta)^i [P_{t+i}^c(s)(1+\tau_j) - MC_{t+i}^j] Y_{t+i}^j$$

由中间产品利润最大化行为可以得到：

$$P_t^{j*}(s) = \frac{\mu_t^j}{(1+\tau_t^j)} \frac{\sum_{i=0}^{\infty} (\rho^j\beta)^i E_t[(P_{t+i}^j)^{\varepsilon_t^j} MC_{t+i}^j Y_{t+i}^j]}{\sum_{i=0}^{\infty} (\rho^j\beta)^i E_t[(P_{t+i}^j)^{\varepsilon_t^j} \frac{P_{t+i-1}^c}{P_{t-1}^c} Y_{t+i}^j]} \tag{14}$$

注：中间产品定价公式代入价格演变方程可以得到菲利普斯曲线，对其再进行对数线性化。

其中，$\mu_t^j = \frac{\varepsilon_t^j}{\varepsilon_t^j - 1}$表示$j$部门中间产品生产商的价格加成比例。由于各部门所有能够确定价格的中间产品生产商有相同的边际成本加成比例，每一时期$P_t^{j*}(s)$对于能够调整价格的厂商都相同，这一价格可以简记为：

$$P_t^j = [\rho^j \left(\frac{P_{t-1}^j}{P_{t-2}^j} P_{t-1}^j\right)^{1-\varepsilon_t^j} + (1-\rho^j)(P_t^{j*})^{1-\varepsilon_t^j}]^{\frac{1}{1-\varepsilon_t^j}} \tag{15}$$

根据式（14）和式（15），在灵活价格下，即当$\rho^j = 0$时，中间产品生产商的最优定价行为会使各类产品价格等于其边际成本的一定比例加成。即有：

$$P_t^j = P_t^{j*} = \frac{\mu_t^j}{(1+\tau_t^j)} MC_t^j$$

3. **金融中介部门**

金融中介部门从家庭吸纳储蓄存款，并接受中央银行投放的新增货币，然后将其完全贷给各部门的中间产品生产企业用作发放工资。假定金融中介部门处于完全竞争中，它们从借贷活动中获得零利润，那么满足：

$$i_t^c W_t N_t^c + i_t^x W_t N_t^x - i_t^b B_t = 0 \tag{16}$$

这里假定金融中介发放给各部门中间产品生产企业的贷款是存在利率差异的，即非耐用品中间产品生产企业借款利率是 i_t^c ，而耐用品中间产品生产企业的借款利率是 i_t^x 。

假定中央银行投放的货币按照 g_t^m 的总增长率增长，那么下列均衡条件需要满足：

$$B_t + (g_t^m - 1)M_{t-1} = W_t N_t \tag{17}$$

考虑到政府财政对家庭的一次性货币补贴，t 期货币总增长率为：

$$M_t = (g_t^f + g_t^m - 1)M_{t-1} \tag{18}$$

4. **政府与中央银行**

政府在经济活动中将发挥三种作用。第一种作用就是对家庭征税并向具有一定垄断性质的各类中间产品生产商提供补贴以消除市场扭曲，具体方式是征收一次性总额税收，而且这种税收将保证财政预算的平衡。即有：

$$T_t = \tau_c P_t^c Y_t^c + \tau_x P_t^x Y_t^x \tag{19}$$

政府的第二种作用是授权中央银行独立制定和推行货币政策，这里假定短期利率是中央银行实现调控目标的唯一的货币政策工具，但中央银行需要遵循一个事前确定的时变规则。金融中介根据中央银行设定的贷款利率向中间产品生产商提供贷款，因此金融中介是货币政策发挥作用的重要媒介。政府的第三种作用是向家庭给予一次性的货币补贴 $(g_t^f - 1)M_{t-1}$ ，这在前文已经述及。

5. **市场出清**

市场出清要满足以下条件：

$$Y_t = \bar{P}^c Y_t^c + \bar{P}^x Y_t^x = Y_t^c + Y_t^x \tag{20}$$

$$K_t = K_t^c + K_t^x$$

$$N_t = N_t^c + N_t^x$$

$$Y_t^c = C_t + [K_{t+1}^c - (1 - \delta_c) K_t^c] + [K_{t+1}^x - (1 - \delta_x) K_t^x] \tag{21}$$

$$Y_t^x = X_t \tag{22}$$

其中 $\bar{P}^c$ 和 $\bar{P}^x$ 分别表示基期年份两部门最终产品的价格，这里都标准化为 1。

三、货币政策与帕累托最优

我们用 $\tilde{v}$ 来表示变量 v 对稳态值 $\bar{v}$ 的百分比变化，即有 $\tilde{v} = \frac{dv}{\bar{v}}$，并将某一时期变量 v_t 的缺口定义为黏性价格状态与有效均衡状态下这一变量的对数差异，即有 $\widehat{v_t} = \tilde{v}_t - \tilde{v}_{f,t}$，其中 $\tilde{v}_{f,t}$ 是中间产品灵活定价和最终产品合成替代弹性为常数时的变量值。由于模型的劳动力和资本要素在部门间是自由流动的，因此要素市场不存在扭曲。由于中间产品市场是垄断竞争性的，因此具有扭曲性。那么，当通过给予中间产品生产商一定补贴消除产品市场扭曲后，并假设不存在成本冲击的情况下（ε_t^j 为常数ε^j），在这一定义的基础上，我们考察模型是否存在某类货币政策能够使黏性价格状态下的资源配置达到帕累托最优状态，即可以使通货膨胀缺口和产出缺口同时得到消除。根据研究的结果，我们提出以下命题，并予以证明。

命题：在要素市场和产品市场扭曲被消除的情况下，除非特定情形，黏性价格模型中不存在能够使资源达到帕累托最优配置的货币政策，但却存在可以消除相对价格缺口的差异利率政策。

证明：假设存在某一类货币政策能够使黏性价格下的资源配置达到

帕累托最优状态，那么，在这一帕累托配置状态下，每一期的缺口都会得以消除。这也就是说，$\widehat{mc}_t^c = \widehat{mc}_t^x = 0$，$\forall t$。其中，$mc_t^j = \frac{MC_t^j}{P_t^j}$ 是部门 j 中间产品实际边际成本。

在黏性状态下，非利普斯曲线方程可以由对数线性化后的中间产品定价公式和最终产品价格动态演变表达式推导而得：

$$(\ln \pi_t^j - \ln \pi_{t-1}^j) - \beta(E_t \ln \pi_{t+1}^j - \ln \pi_t^j) = \frac{(1-\rho^j)(1-\beta\rho^j)}{\rho^j}\widetilde{mc}_t^j$$

在中间产品灵活定价和最终产品合成替代弹性为常数的有效均衡状态下，由 $P_{f,t}^j = MC_{f,t}^j$ 可知 $\widehat{mc}_{f,t}^j = 0$，故亦有：

$$(\ln \pi_t^j - \ln \pi_{t-1}^j) - \beta(E_t \ln \pi_{t+1}^j - \ln \pi_t^j) = \frac{(1-\rho^j)(1-\beta\rho^j)}{\rho^j}\widehat{mc}_t^j$$

所以，如果要保证每期 $\widehat{mc}_t^c = \widehat{mc}_t^x = 0$，则需对任意的 t 都有：

$$E_t \ln \pi_{t+1}^j = \ln \pi_t^j = \ln \pi_{t-1}^j$$

由于在稳态水平，故有 $\ln \pi^c = \ln \pi^x = \ln \bar{g}$，同时帕累托均衡要求非耐用品和耐用品通货膨胀率每期都相等，这意味着对任意的 t 都有：

$$\ln \pi_t^c = \ln \pi_t^x = \ln \bar{g}$$

令 $x_t = \frac{P_t^c}{P_t^x}$，由于 $\Delta \tilde{x}_t = \pi_t^c - \pi_t^x$，则有：

$$\hat{x}_t = \hat{x}_{t-1} + \pi_t^c - \pi_t^x - \Delta \tilde{x}_{f,t}$$

帕累托最优状态也要求产品相对价格在每一期不存在缺口，即有 $\hat{x}_t = \hat{x}_{t-1} = 0$，故 $\pi_t^c = \pi_t^x$ 要求 $\Delta \tilde{x}_{f,t} = 0$，由 $P_{f,t}^j = MC_{f,t}^j$，知：

$$\tilde{x}_{f,t} = (1-\alpha)(\tilde{i}_{f,t}^c - \tilde{i}_{f,t}^x) - (\tilde{z}_t^c - \tilde{z}_t^x)$$

可得：

$$(1-\alpha)(\Delta \tilde{i}_{f,t}^c - \Delta \tilde{i}_{f,t}^x) = (\Delta \tilde{z}_t^c - \Delta \tilde{z}_t^x) \tag{23}$$

从式（23）可以推知，当$\Delta \tilde{z}_t^c = \Delta \tilde{z}_t^x$时，只要$\Delta \tilde{i}_{f,t}^c = \Delta \tilde{i}_{f,t}^x = 0$，即保持两部门利率不变，经济系统即可自行达到帕累托最优状态。那么，当$\Delta \tilde{z}_t^c \neq \Delta \tilde{z}_t^x$时，即当部门冲击非对称时，经济体是否可以通过货币政策操作达到帕累托最优状态呢？从式（23）我们易于得出这样的结论，即当部门冲击非对称时，只要将两部门利率水平相继调整到使式（23）成立的程度，部门产品相对价格将保持不变。然而，这并不代表经济体已经达到帕累托最优状态，它还要求通货膨胀率保持在原稳态水平不变，否则$\widehat{mc}_t^c$和$\widehat{mc}_t^x$将不为零，经济将会出现产出缺口。根据金融中介的零利润条件和均衡条件，经过一系列推导，我们可以得到稳态条件下货币供给和部门利率之间的关系：

$$\bar{g}^m = \frac{\bar{M}/\bar{P}^c}{\frac{\bar{M}}{\bar{P}^c} - \frac{\bar{B}}{\bar{P}^c}\left[i^b(N^c + N^x) - (i^c N^c + i^x N^x)\right]} \tag{24}$$

其中，重音符号“ - ”代表稳态值。由于i^b是内生决定的，上式表明稳态货币增长率$\bar{g}$与部门利率i^c和i^x存在固定的数值关系，这意味着当非对称部门冲击发生时，部门利率即使及时做出调整以使式（23）成立，货币增长率也不得不随之变化，即使能够保证$\pi_t^c = \pi_t^x$，即部门通货膨胀率不发生结构变化，总体通货膨胀水平也会发生相应变动，继而将引起两部门出现产出缺口，经济系统将暂时偏离帕累托最优状态。因此，即使以部门利率调整为工具的结构性货币政策，也无法使经济系统稳定地运行在帕累托最优状态。

然而，这是否意味着结构性货币政策就没有更多的意义了呢？当然不是。这是因为，在黏性价格模型中，相对价格波动具有资源配置效应。Erceg 和 Levin（2006）通过对一个两部门模型进行研究后发现，如果两部门受到的技术冲击是非对称的，那么当局在试图同时稳定两部门产出时就会遇到部门产出此消彼长的矛盾，从而难以实现资源帕累托最优配置。Huang 和 Liu（2005）则指出，受到生产冲击后，垂直贸易联系链将引起总产出和相对价格的波动，除非生产冲击是对称的，此时相对价格维持不变，只有产出出现波动，否则货币当局都无法通过货币政策来同时消除产出缺口和相对价格缺口。从式（23）和式（24）可知：当非对称部门冲击发生时，如果能够及时将两部门利率 i^c 和 i^x 调整到使式（23）继续成立的程度，那么，耐用品和非耐用品的相对价格将保持不变，如果货币增长率也能够随之进行相应的调整，经济系统将很快在新的水平上实现帕累托最优配置；当非对称部门冲击发生时，如果部门利率不进行相应调整，那么相对价格的改变将引起其他实际变量的改变，为了维持经济系统正常运行，货币增长率将被动改变，产出缺口依然会出现。因此，以部门利率调整为特征的结构性货币政策，虽然无法消除部门非对称冲击引起的产出缺口，却可以维持相对价格不变，从而有可能减少相对价格改变对经济系统可能带来的更大、更持久的冲击，正是在这个意义上，差异利率政策仍然为中央银行进行宏观调控提供了一种可能更有效率的政策思路。

四、模型参数校准

模型参数按照年度频率来校准。我们将贴现因子 β 取值为 0.99，对应年化市场利率约为 4.0%。耐用品季度折旧率 δ_d 设定为 0.005，对应的耐用品折旧年限为 50 年。参照张伟进和方振瑞（2013），家庭跨期消费弹性 σ 取值为 0.65。模型中的 Frisch 劳动供给弹性 η 取值为 0.8，家庭消费非耐用品和耐用品的替代弹性 δ 取值为 0.6，两者都略低于国外大多数文献关于美国的取值（如 Barsky 和 Boehm，2015），以反映中国与发达国家在劳动供给和消费行为方面的差异，并将劳动偏好系数 ψ^n 取值为0.3。由于中国城镇化的推进和收入水平的提高，房地产等耐用品在家庭总消费的比重逐渐提高，综合考虑中国城镇居民家庭消费状况和房地产价格影响情况，非耐用品消费权重系数 ψ^c 取值为0.3，相应耐用品消费权重系数 $1-\psi^c$ 取值为0.7。根据《中国统计年鉴》，2015年中国生产税净额、营业盈余和固定资产折旧占国内生产总值的比重为0.52，我们以此作为资本产出弹性系数 α 的取值，相应劳动产出弹性系数 $1-\alpha$ 取值为0.48。参考Alpanda等人（2010），耐用品和非耐用品部门内部不同产品合成的弹性 ε^j 的均值都设定为6。假定政府补贴恰好消除市场扭曲，则有 $\tau^c=\tau^x=0.2$。通常而言，耐用品部门厂商按照最优水平定价的能力更强，即耐用品价格黏性小于非耐用品，大多数文献对反映价格黏性的参数 ρ 的取值在0.6~0.8，我们令 $\rho^c=0.8$，$\rho^x=0.6$。在数值模拟中，假设非耐用品部门和耐用品部门具有相同的均衡利率，即 i^{c*} 和 i^{x*} 都等于无差异均衡利率 i^*。中国金融机构2008年以来的人民币加权贷款利率经季度调整后为0.0157，以此作为 i^* 的均衡值。

令政府一次性货币补贴增长率和生产技术作为随机变量进入模型，其稳态值都为1，这样方程系统中的随机变量就包括 g_t^f、Z_t^c、Z_t^x。其中，g_t^f、Z_t^c 和 Z_t^x 都遵从对数形式的 $AR(1)$ 过程，其测量误差均值都为0，标准差分别为 σ^{gf}、σ^{Zc}、σ^{Zx} 的I. I. D过程。假设各随机变量一阶回归系数分别为 ρ^{gf}、ρ^{Zc}、ρ^{Zx}，参照吕风勇（2015），ρ^{Zc}、ρ^{Zx} 分别取值为0.81、0.85，参考一些学者的通常做法，令 $\sigma^{Zc}=0.25$，$\sigma^{Zx}=0.15$，$\rho^{gf}=0.80$，$\sigma^{gf}=0.15$，这意味着货币冲击的波动不比生产技术冲击的波动大。表8-1列明了参数的校准情况。

表 8－1　参数校准情况

参数	描述	取值	参数	描述	取值
β	贴现因子	0.99	ρ^{x}	耐用品价格黏性	0.6
δ_{d}	耐用品折旧率	0.005	ρ^{Zc}	随机变量 Z_t^c 一阶回归系数	0.81
σ	跨期消费弹性	0.65	ρ^{Zx}	随机变量 Z_t^x 一阶回归系数	0.85
η	Frisch 劳动供给弹性	0.8	ρ^{gf}	随机变量 g_t^f 一阶回归系数	0.80
δ	非耐用品和耐用品替代弹性	0.6	σ^{Zc}	非耐用品部门生产技术冲击标准差	0.25
ψ^{n}	劳动偏好系数	0.3	σ^{Zx}	耐用品部门生产技术冲击标准差	0.15
ψ^{c}	非耐用品消费权重系数	0.3	σ^{gf}	货币冲击标准差	0.15
α	资本产出弹性	0.52	τ_{c}	非耐用品部门中间企业补贴率	0.2
ε^{c}	非耐用品产品合成弹性	6	τ_{x}	耐用品部门中间企业补贴率	0.2
ε^{x}	耐用品产品合成弹性	6	i^{c*}	非耐用品部门均衡利率	0.0157
ρ^{c}	非耐用品价格黏性	0.8	i^{c*}	耐用品部门均衡利率	0.0157

五、货币政策规则、随机冲击与脉冲反应

我们以上述模型为基础，对纯粹差异利率货币政策、纯粹无差异利率政策、带有常数货币增长规则差异利率政策和带有常数货币增长规则的无差异利率政策进行比较，探讨不同政策对于促进经济稳定和提高社会福利的意义。

纯粹差异利率货币政策下的利率调整遵从式（25）和式（26）描述的规则：

$$i_t^c = i^* Z_t^{c\frac{1}{1-\alpha}} \tag{25}$$

$$i_t^x = i^* Z_t^{x\frac{1}{1-\alpha}} \tag{26}$$

纯粹无差异利率货币政策下的利率调整遵从式（27）描述的规则：

$$i_t^c = i_t^x = i^* \left[\varphi_c Z_t^{c\frac{1}{1-\alpha}} + (1-\varphi_c) Z_t^{x\frac{1}{1-\alpha}}\right] \tag{27}$$

其中，φ_c 和 $(1-\varphi_c)$ 分别是纯粹无差异利率对非耐用品部门技术冲击和耐用品部门技术冲击的反应权重，其数值分别等于非耐用品和耐用品产出占总产出的比重，分别约等于0.98和0.02。

带有常数货币增长规则的差异利率政策遵从式（28）和式（29）描述的规则：

$$\frac{i_t^c}{i_t^x} = \left(\frac{Z_t^c}{Z_t^x}\right)^{\frac{1}{1-\alpha}} \tag{28}$$

$$g_t^m + g_t^f - 1 = \bar{g}^m \tag{29}$$

带有常数货币增长规则的无差异利率政策遵从式（30）和式（31）描述的规则：

$$i_t^c = i_t^x \tag{30}$$

$$g_t^m + g_t^f - 1 = \bar{g}^m \tag{31}$$

根据以上货币政策规则，通过对模型分别施加一个标准差的非耐用品部门技术冲击、耐用品部门技术冲击和家庭财政补贴货币冲击，可以得到相应变量的响应函数。图8－1主要描述了不同货币政策规则下总产出对各类随机冲击的脉冲响应。

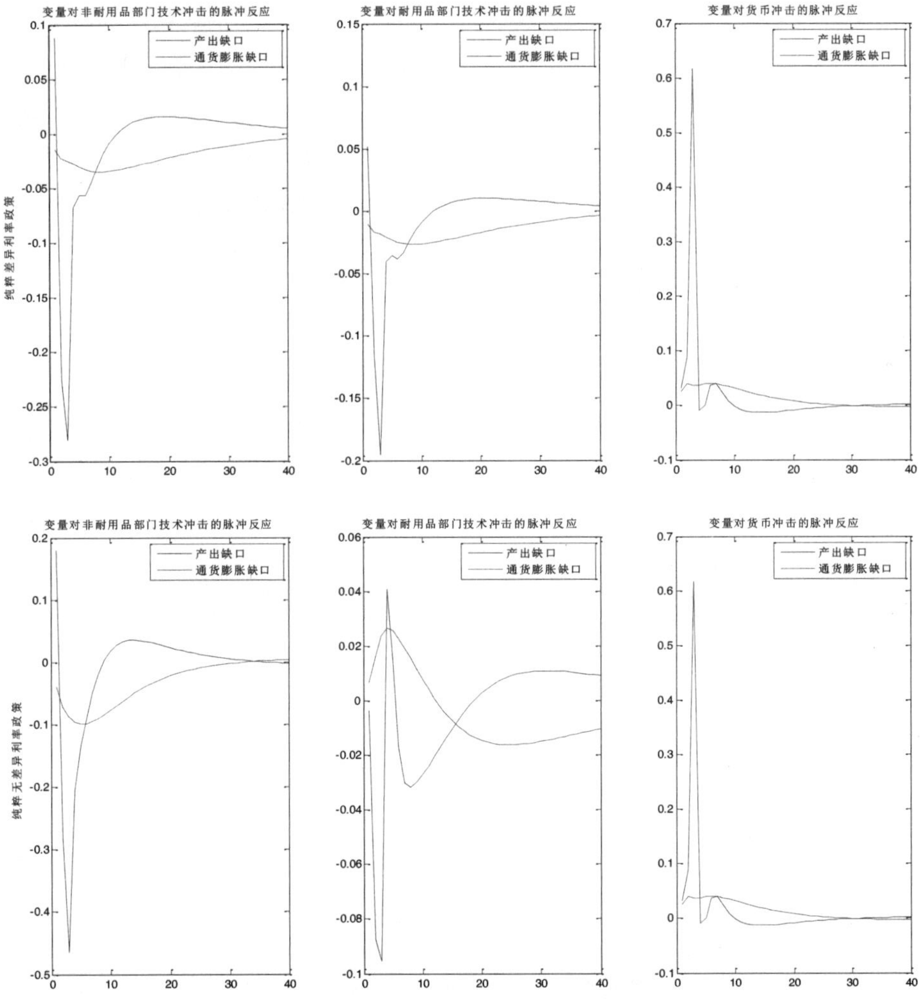
变量对非耐用品部门技术冲击的脉冲反应
变量对耐用品部门技术冲击的脉冲反应
变量对货币冲击的脉冲反应
产出缺口
通货膨胀缺口
纯粹差异利率政策
纯粹无差异利率政策

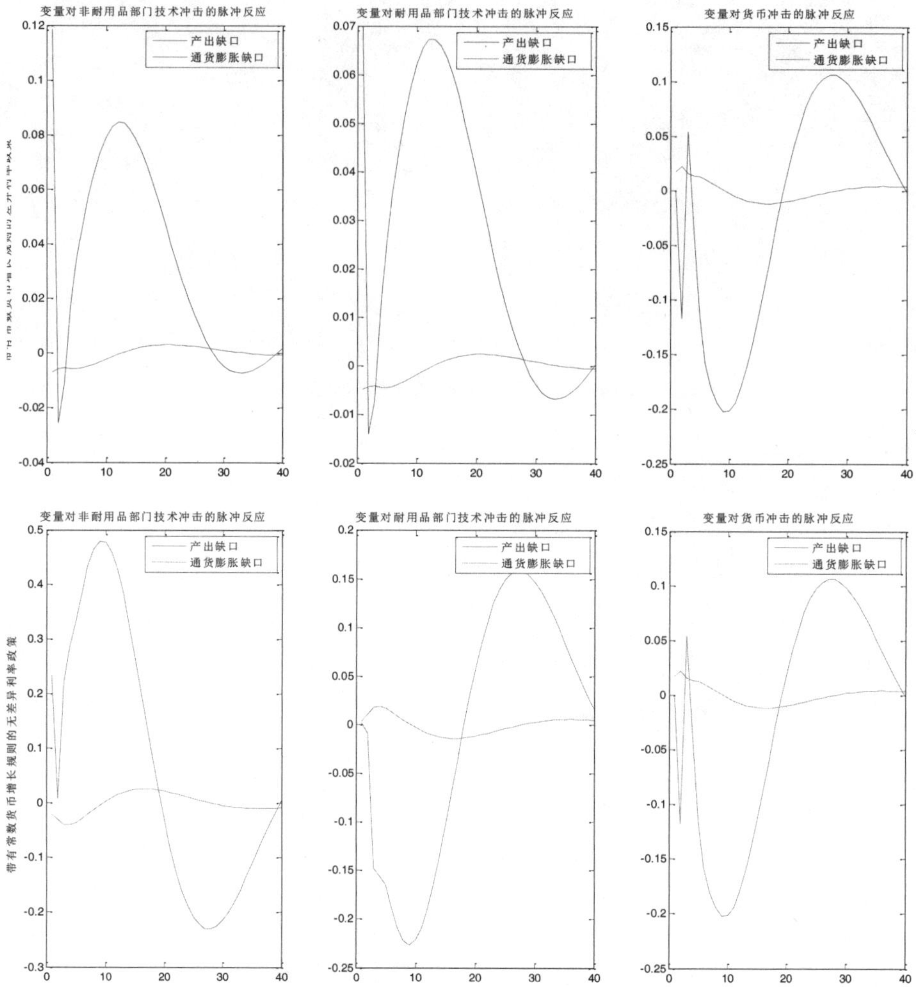

图 8-1　不同货币政策规则下总产出对随机变量一个标准差冲击的脉冲响应

（1）技术冲击来自非耐用品部门时的产出波动。

当来自非耐用品部门的技术冲击发生后，总产出基本呈现先是跳涨继而下调的态势。其中，带有常数货币增长规则的无差异利率政策下总产出的初始反应最大，观察期内的正向反应值和上下波动区间也最大。

总产出在纯粹无差异利率政策下的负向反应值最大，波动区间仅次于带有常数货币增长规则的无差异利率政策。总产出在纯粹差异利率政策下的正向反应值最小，但带有货币常数增长规则的差异利率政策具有最小的负向反应值，波动区间也最小。就 40 期产出的总体反应而言，总产出的波动方差在带有常数货币增长规则的差异利率政策下最小，纯粹差异利率政策时次之，纯粹无差异利率时再次之，而在带有常数货币增长规则无差异利率政策下最大。

（2）技术冲击来自耐用品部门时的产出波动。

当来自耐用品部门的技术冲击发生后，除了纯粹无差异利率政策下总产出的初始反应是负向外，其他政策情形下都是正向的，再继而出现向下调整。其中，观察期内带有常数货币增长规则的无差异利率政策的正向反应值和负向反应值都是最大，从而具有最大的波动区间。带有常数货币增长规则的差异利率政策具有最小的负向反应值，波动区间也最小。就 40 期产出的总体反应而言，总产出的波动方差在带有常数货币增长规则的无差异利率政策下最大，纯粹差异利率政策时次之，纯粹无差异利率时最小，带有常数货币增长规则的差异利率政策时的产出波动方差略大于纯粹无差异利率时的方差。

（3）货币冲击发生时的产出波动。

在财政给予家庭的一次性货币补贴发生随机变动时，纯粹的无差异利率政策和纯粹的差异利率政策下的总产出具有相同的反应，带有常数货币增长规则的无差异利率政策总产出的反应则与带有常数货币增长规则的差异利率政策相同。比较而言，带有常数货币增长规则的政策下总产出具有较小的正向反应值和较大的负向反应值，产出波动区间明显小于没有常数货币增长规则时的波动区间。就 40 期产出的总体反应而言，两类带有常数货币增长规则的政策下总产出的变动方差略微大于另两类没有带有常数货币增长规则政策下的方差。

从以上对产出脉冲反应的分析中，很难明确地判断何种货币政策是能够有效熨平产出波动的最优货币政策，但至少可以排除带有常数货币增长规则的无差异利率政策。事实上，根据模拟的结果，当三种冲击同时发生时，带有常数货币增长规则的无差异利率政策下总产出的波动方差明显大于其他三种政策规则。带有常数货币增长规则的无差异利率政策下，当技术冲击发生时，两类部门利率并不能直接对冲击作出反应，只是受由技术冲击引发的货币波动的影响而间接反应，不仅反应力度有限，而且无法对非对称冲击作出利率结构上的调整，从而无法有效冲销技术冲击带来的产出波动。当财政补贴性质的货币冲击发生时，央行向企业注入的贷款性货币不得不作出反向调整，无差异的部门利率随之进行调整，在冲击发生初期对产出具有较强的稳定作用，但是企业货币的减少最终导致产出趋于向下调整。这种情形下带有常数货币增长规则的无差异利率政策在熨平产出波动时是相对有效的，产出波动区间也较小，但是由于为了维持名义变量的稳定，一定程度上牺牲了实际变量的稳定，使产出的波动方差增大。带有常数货币增长政策规则的无差异利率政策在应对货币冲击时与带有常数货币增长规则的差异利率对产出的影响是相同的，但在应对技术冲击时明显劣于后者。

面对不同部门的技术冲击，其余三类货币政策对产出的稳定作用表现也各不相同。当部门技术冲击发生时，纯粹无差异利率政策下 i_t^c 和 i_t^x 同升降，冲击来源部门的利率反应不足，另一部门的利率反应过度，货币增量则反向升降；纯粹差异利率政策下 i_t^c 和 i_t^x 一动一静，货币增量反向升降，但幅度小于无差异利率下的反应，带有常数货币增长政策规则的无差异利率政策下 i_t^c 和 i_t^x 一升一降，但货币增量保持不变。部门利率、部门产出之间的关系比较复杂。部门利率的升降对本部门的产出通过成本效应而产生促进或抑制作用，但是对另一个部门的产出则会通过挤出效应或者替代效应产生相反的作用。纯粹差异利率政策过度强调部门利率对来自本部门的冲击的反应，虽然也满足式（23）的条件，但是对由此而引起的货币供给及储蓄利率的影响视而不见，从而在应对部门技术冲击时的表现也不如带有常数货币增长规则的差异利率政策。至于纯粹无差异利率政策，由于利率调整时赋予各部门的冲击权重数值差别很大，权重大的部门冲击发生时，权重小的部门利率会出现过度反应，而在本部门冲击发生时，权重小的部门利率的反应又会严重不足，在大多数情形下产出方差会偏大。因此，从应对部门技术冲击的角度来看，带有常数货币增长规则的差异利率政策在稳定产出方面似乎更有优势。

再从部门的角度考察产出波动情况也基本能够说明这一点。面对两类部门的技术冲击时，带有常数货币增长规则的差异利率政策时产出的波动方差大多时候是最小的。这主要是因为当部门技术冲击发生时，冲击来源部门的利率相应上升，以抑制正向冲击对部门产出的向上推动作用，同时另一部门的利率也有所下降，以减少另一部门产出增加对本部门的挤出效应，从而使部门产出的波动缩小。只有一种情况除外，即在耐用品部门技术冲击发生时，纯粹无差异利率政策下非耐用品部门产出波动方差最小，这是因为耐用品部门技术冲击权重偏低，利率 i_t^x 反应严重不足，央行货币供给增速 g_t^m 反向运动的幅度较小，储蓄利率 i_t^b 下降较少，使非耐用品部门的消费和产出的降幅也相应缩小。

尽管如此，在面对货币冲击时，带有常数货币增长规则的差异利率政策下央行货币供给相应减少，继而会引起部门利率的波动，虽然利率结构没有改变，但仍然对总产出产生明显的影响。不过，由于利率的调整在一定程度上对冲了货币冲击对产出的影响，带有常数货币增长规则的差异利率政策下总产出的波动方差与纯粹无差异利率政策和纯粹差异利率政策相差无几。从部门来看，面对货币冲击时，带有常数货币增长规则的差异利率政策下央行货币供给相应减少，储蓄利率 i_t^b 下降，对资本需求进而对非耐用品部门产出产生较大影响，纯粹无差异利率和纯粹差异利率政策的利率都不发生调整，货币的正向冲击使两部门的产出都趋于增加，最终的结果是带有常数货币增长规则的差异利率政策下非耐用品部门产出的波动方差较大，而耐用品部门产出的波动方差较小。

综上所述，面对来自不同部门、不同形式的冲击，并不存在一个确定能够降低产出波动的货币政策规则。尽管如此，带有常数货币增长规则的差异利率政策仍然具有其他类型所不具有的许多优势。以上分析基本表明带有常数货币增长规则的差异利率政策在大多数情形下在稳定产出方面具有良好的表现。事实上，该政策还有一个明显的优势，即在保持物价的平稳方面是纯粹的无差异利率政策和纯粹的差异利率政策所不能比拟的。在实践层面，该政策既具有弗里德曼的单一货币规则的性质，又与强调产出缺口和通货膨胀缺口的泰勒规则相通，同时，带有常数货币增长规则的差异利率政策强调了部门利率的差异性，重视差异利率在应对结构性冲击的积极作用，这却是泰勒规则等货币政策规则所不具备的。

六、结论

本章在一个动态随机一般均衡模型的基础上，对不同的货币政策在应对冲击和促进产出稳定方面的表现进行了比较。研究发现，带有常数货币增长规则的无差异利率政策在所比较的四类货币政策中表现最为不佳，而其他三类货币政策的表现各有长短；不过，带有常数货币增长规则的差异利率政策在大多情形下都具有较好的表现，特别是考虑到物价稳定的因素，该政策更是值得重视。由于发展中国家的结构变迁速度较快，结构性冲击也远比成熟经济体发生得频繁，结构性的货币政策应该成为包括中国在内的发展中国家优先考虑的政策选择。在当前，来自房地产部门的冲击已经对整个经济产生了深刻的影响，如何通过结构性货币政策特别是差异利率政策妥善处理房地产部门与国民经济其他部门的关系，应该成为未来当局着重关注的方面。

第九章　房地产价格波动的财富效应及其对消费的影响

一、研究背景和文献回顾

随着中国城镇化进程的不断推向深入，房地产逐渐成为越来越多家庭所持有资产的重要组成部分，而无房者也大都将在未来某一时期购买住房作为消费计划不可或缺的部分。与此同时，中国房地产价格的波动也是剧烈的，在某些城市波动幅度更是惊人，并对家庭的预期收支及与此密切相关的投资和消费计划产生深刻影响，并进而导致全国投资、消费和产出等宏观经济变量出现相应的波动。当前，中国正处于投资消费结构的调整期，建立更加成熟的消费社会已是国家经济调控的重要目标之一，研究和分析家庭消费行为的各种影响因素，对于采取相应措施促进家庭消费平稳增长和提高家庭消费效用，具有重要意义。从这个角度来说，考察房地产价格波动的财富效应及其对家庭消费带来的影响，也实属必要。

房地产作为一种资产，其价格波动可能通过多种渠道对家庭消费产生影响。财富效应也最早常被称作庇古效应或实际余额效应（Pigou，1941），主要指受物品价格波动的影响居民以实际货币余额衡量的财富净值的变化所导致的消费行为的改变。后来这一概念在不同的理论中得以进一步拓展。根据生命周期理论（Ando 和 Modigliani，1963），家庭将其资产平滑地分配到生命周期的不同阶段进行消费，家庭持有资产的多少主要取决于现时消费和未来消费的效用贴现率、资产收益率等因素，资产配置的多寡对家庭跨期消费将产生重要影响。当资产价格波动导致资产价值发生变动时，家庭将对生命周期不同阶段的消费和资产重新进行跨期配置，此时资产价格变动对消费的影响可以称为“资产配置效应”，有的文献称其为“资产效应”（李涛和陈斌开，2014），从广义的角度讲，“资产配置效应”也是一种财富效应。根据持久收入假说（Friedman，1957；Hall，1978），当资产价格发生较大程度未预期到的变动时，居民将调整对未来持久收入的预期，通常消费将发生同向的变动，即产生所谓的“财富效应”（Campbell 和 Cocco，2007）。对于不得不以更高价格购买某种资产的家庭而言，资产价格的变动也可能产生负向的“财富效应”。

影响房地产财富效应的机制主要包括预防性储蓄、流动性约束和货币幻觉等。Zeldes（1989）进一步引入流动性约束的概念，认为财富多的消费者更容易从信贷市场获得贷款。家庭房地产抵押贷款一般资金成本较低，同时也可以解决信息不对称问题而有利于降低交易成本（Lam，1989）。如此一来，居民的净财富即使不以实际货币余额的形式存在，而是股票或者房地产等流动性较弱的资产，那么只要可以以此为抵押从信贷市场获得贷款，这些资产仍然可以发挥如实际货币余额般的财富效应，房地产价格的波动将通过改变居民可获得流动性的能力而对其消费行为产生影响。流动性约束概念的引入是对实际余额效应的一种拓展，资产价格的变动导致居民净财富的变化将等价于实际货币余额的变动。当预防性储蓄是为了避免流动性约束时，预防性储蓄将与流动性约束等价。但是在很多时候，预防性储蓄并不仅仅是出于流动性原因，而是通过储蓄应对可能的意外支出，房地产净值的增加使家庭可以降低储蓄率而提高当期消费率。Gan（2010）仔细考察了住房价格“财富效应”的两个机制——预防性储蓄和流动性约束，发现住房价格通过这两个机制影响了我国香港居民消费。货币幻觉是 Fisher 在 1928 年提出的概念，指人们只对货币名义价值做出反应，而忽视其实际购买力的一种错觉。房地产租金售价比率随着名义利率而不是实际利率的变化而变化，这可能致使投资者出现货币幻觉。Brunnermeier 和 Julliard（2008）证明了英国和美国住宅市场都存在货币幻觉。Piazzesi 和 Schneider（2008）认为，理性投资者与货币幻觉投资者之间对实际利率与名义利率的分歧导致住宅价格的狂涨，21 世纪初的低通胀导致了投资者对住宅的超额需求，房价被高估。货币幻觉的另一种形式是，资产价格的变动只带来名义净财富的相应变动，但是如果资产价格的变动伴随着全社会物价水平的同比例变动，那么居民的实际净财富将不会发生变化，如果居民不能认识到这一点，那么货币幻觉将产生，并对消费产生影响。因此，货币幻觉对资产价格变动所产生的财富效应大小也起着重要作用。

尽管房地产价格波动通过财富效应对消费产生影响的渠道和机制在理论上并没有太大争议，但是在对财富效应的计量方面，争议却非常大。收入高低和财富多寡、资产结构和金融市场等方面的差异，使不同国家不同时期房地产价格波动所带来的财富效应都迥然不同，而由于加总问题的存在，基于微观层面与基于宏观层面计量的财富效应差别也很明显。

国际上有许多学者从各个角度对房地产价格与消费的关系进行研究。Bajara 和 Kruger（2010）的研究表明美国住房价格与居民消费具有同向变动特征。Engelhardt（1996）运用美国家庭跟踪调查数据（PSID）对房价上涨与当前有房者消费之间的关系进行了直接检验，发现拥有的中位储蓄户住房真实资本收益的边际消费倾向（MPC）大约为0.03，但是房地产正负财富效应存在不对称性，获得收益的家庭不太会改变他们的储蓄和消费行为，而经历资本损失的家庭则会减少他们的消费。Sousa（2008）发现美国股票市场财富的波动主要是暂时性的，而房地产财富等非股票市场财富的波动主要是永久性的，对消费具有持续性影响。Contreras 和 Nichols（2009）根据家庭住户微观数据对美国不同地区房价与消费的关系研究发现，房地产财富效应的边际消费效应为3.5%，但暂时性房价冲击对居民消费的影响远低于持久性冲击。Case等（2001）利用14个国家的面板数据对股票市场和房地产的财富效应进行比较，发现房地产的财富效应对消费的影响远大于股票市场，弹性系数为0.11～0.17。Skinner（1996）认为美国房地产财富增加会使年轻家庭增加消费，但对年老家庭的消费影响不大，这主要是因为年老家庭面临的流动性约束本来就较少，而且对未来房价下跌风险规避意识较强。Li 和 Yao（2007）基于生命周期理论的研究结论却与 Skinner（1996）相反，他们发现美国住房价格上涨将降低租房者和年轻个体的福利，但将提高中老年人的福利。Campbell 和 Cocco（2007）的研究则表明英国住房价格主要提高了老年人消费，对年轻租房者基本没有影响。Poterba（2000）等认为，自主性住房通常被看作是一种长期资产，自己居住而不能兑现的房地产具有较低的边际消费倾向。Attanasio 等（2009）还提出住房价格波动与消费波动的相关性更有可能来自第三方因素的影响（如家庭预期），而不是住房价格的财富效应。

随着国内房地产市场的发展，国内对房地产价格波动与消费的关系也展开了多角度的研究。陈彦斌和邱哲圣（2011）发现房价快速上升将导致年轻家庭不得不提高储蓄率，城镇居民福利因此普遍下降。李玉山等（2006）通过建立误差修正模型（ECM）研究后发现，住房资产具有较小的短期负向财富效应，却具有较显著的长期正向财富效应。刘建江等（2005）构建了 LC – PIH 模型来分析房地产财富效应的作用机制，发现持续上涨的房地产价格既增加公众财富又增强市场信心，引起短期边际消费倾向上升。宋勃（2007）在考虑通货膨胀的条件下，发现短期内两者互相存在 Granger 因果关系，长期来看房屋价格上涨是居民消费增加的 Granger 原因。王子龙和许箫迪（2009）利用中国 1996—2007 年房地产价格和居民消费的季度数据研究发现，随着中国经济的增长和居民收入的增加，房地产财富对居民消费的影响不断增强，而无论从长期还是短期分析，中国房价变动都会给居民消费带来财富效应。安勇和王拉娣（2016）以 35 个大中城市为研究对象，发现由于传导渠道的限制程度不同，少数城市存在房地产财富效应为负，但大多数城市财富效应仍然为正。周守亮和赵彦志（2016）也发现尽管经济发达省份房地产财富效应为负，但总体财富效应为正。赵天奕和刘圣（2016）则利用平滑转换回归模型验证了房地产财富效应的非线性特征。刘旭东和彭徽（2016）发现从历史趋势来看中国房地产财富效应呈现出逐渐变弱的趋势。但乔木子和藏云特（2017）却得出了相反的结论，他们发现资产价格波动带来的财富效应存在逐渐变强的趋势。由于存在着所谓的宏观数据“可加性”问题（ Deaton，1992 ），许多学者也从微观层面对房地产的财富效应进行研究。黄静和屠梅曾（2009）利用“中国健康与营养调查”（ CHNS ）的微观数据分析出住房财富对居民消费的边际效应为 0.08 ～ 0.12，但不同收入、年龄和地区等的财富效应都不尽相同。张大永和曹红（2012）利用家庭金融微观调查数据考察了各种财富类型对居民消费的影响，也得出了类似的结论。王艺和李娜（2016）进一步发现，房产数量越多，房产总值对家庭总消费的影响越小。

以上研究大都发现房地产财富效应确实存在且是正向的，不过也有研究者发现，房地产价格波动对消费的影响并不一定是正向的。颜色和朱国钟（2013）则认为由于暂时性房价上涨所导致的“房奴效应”超过资产增值所形成的“财富效应”，即房价上涨将导致居民储蓄率的上升和消费率的下降。况伟大（2011）基于35个大中城市数据研究了房价上涨对居民消费的影响，也发现住房价格对居民消费存在挤出效应。李向前等（2012）采用月度数据发现房地产价格的上涨将导致消费减少。陈健等（2012）从理论上论证了信贷约束导致我国财富效应为负的可能性，并采用省级面板非线性门槛模型进行了验证。杨赞、张欢和陈杰（2014）利用国家统计局2002—2009年城镇住户大样本抽样调查数据，重新测定了住房价格对自有住房家庭消费倾向的影响，提出我国居民较强的再购房动机是导致住房财富效应为负的原因。

由以上分析可知，国内外大部分研究都发现房地产财富效应的存在，但也有少部分研究（主要是国内）发现财富效应是负的。由于国际文献的研究对象主要是发达国家，除了代际差别外，住房需求结构已经基本稳定，研究时期或对象的不同是其研究结果出现差异的主要因素，总体来说得出的研究结果差异性相对较小。中国作为发展中国家，住房需求结构极其不稳定，家庭异质性特征明显，宏观加总问题突出，这也使得国内文献对房地产财富效应的计量结果出现显著差异。通常而言，家庭微观数据更能清晰地描述房地产价格波动所带来的财富效应，有利于我们探索财富效应形成的渠道和机制，但是如果将经济学中的消费问题首先看作一个宏观问题，那么就仍然需要使用宏观层面的数据对房地产财富效应进行度量。因此，本章试图使用中国35个大中城市的数据，对房地产财富效应进行计量，并通过不同的计量方法，比较财富效应差异形成的原因。

二、模型设定、数据来源与变量说明

1. 模型设定

依据生命周期—持久收入模型（LC－PIH）假说，一个理性消费者的消费表达式为：

$$c_t = \beta_t y_t + \gamma_t w_t \tag{1}$$

其中，y_t 表示居民当期收入，w_t 表示居民当期财富存量，β_t 、γ_t 分别表示财富的边际消费倾向和收入的边际消费倾向。

LC－PIH 假说是居民消费行为的分析基础，式（1）也是消费者最优化消费行为的结果，然而，该假说将边际消费倾向视为外生变量，从而消费只受收入和财富变化的影响。但事实上，即使收入和财富没有发生实际变化，仍然存在着许多其他因素会影响当期消费，如对未来支出或收入的预期发生改变，消费贷款的流动性约束程度的增强或减弱，都会使 β_t 或 γ_t 发生变化，并进而使当期消费趋于增加或减少。而且，根据凯恩斯的边际消费倾向递减定理，仅仅收入的增长也会使边际消费倾向递减，因此边际消费倾向并不是外生的。结合本章的研究，当房地产价格发生变动时，持有房地产的家庭除了因财富增加会直接增加消费 c_t 外，流动性约束减弱和预防性储蓄降低也将使 β_t 和 γ_t 都趋于增加，进一步推高消费，这可以称为正的财富效应；未持有房地产的家庭，则其预期居住租金将提高，或者未来购买房地产的预期支出增加，将不得不减少消费，这也可以称为负的财富效应，由于这些家庭并不实际拥有房地产形式的财富，即 $w_t = 0$ ，同时 y_t 并不受房地产价格变动的影响，那么减少消费就只能通过降低 β_t 来实现。

由以上分析，直接将 $c_t = \beta_t y_t + \gamma_t w_t$ 作为经验计量模型，只能得到固定的边际消费效应，无法反映房地产价格变动对 β_t 和 γ_t 影响。同时，由于我们使用的是城市层面的数据，也无法准确衡量居民拥有 w_t 中房地产财富的多少。因此，本章将转而主要考察房地产价格对边际消费倾向的影响。具体的模型设定如下式：

$$MPC_{i,t} = \beta_{0,i} + \beta_{1,i} \ln Y_{i,t} + \beta_{2,i} HP_{i,t} + \beta_{3,i} HPG_{i,t} + u_i + e_{i,t} \quad (2)$$

$MPC_{i,t}$ 是居民人均消费支出与人均可支配收入的比值，即边际消费倾向，$\ln Y_{i,t}$ 是对数形式的人均可支配收入，$HP_{i,t}$是房地产价格水平值，$HPG_{i,t}$ 是房地产价格变化率，β_i 是待估计参数，u_i 是不随时间变化的地区个体效应，$e_{i,t}$ 是随机效应。

2. 数据来源与变量说明

本章以全国各省会城市（拉萨除外）和计划单列市等 35 个大中城市为研究对象，样本时期为 2003—2016 年，变量包括边际消费倾向、人均可支配收入和房地产价格变化率等，其中边际消费倾向是人均消费支出和人均可支配收入的比值，人均可支配收入以 2003 年为基期利用居民消费价格指数进行了消胀处理。2003—2016 年的人均消费支出和人均可支配收入的数据来源于历年各城市的《统计年鉴》或《统计公报》；房地产价格采用商品房平均销售价格，2013—2015 年数据直接来源于中华人民共和国国家统计局网站，2016 年的商品房平均销售价格由国家统计局发布的 70 个大中城市新建住宅价格指数倒推计算得到。

三、实证分析

（一）统计性描述

居民消费不仅受到收入水平的影响，也受到通货膨胀率和储蓄收益率等多种因素的影响，对于中国这样一个仍处于发展过程中的国家更是如此，这些因素通常只对居民边际消费倾向的变动幅度产生影响，并不能阻挡边际消费倾向随收入水平提高而降低的根本趋势。图 9－1 描述了 2003—2016 年 35 个大中城市总体平均边际消费倾向。从图 9－1 中不难看出，总体平均边际消费倾向呈现逐年递减的趋势，35 个样本城市总体平均边际消费倾向由 0.79 下降到了 0.68，这主要是因为受到居民实际收入不断提高的影响。2003—2012 年，总体平均边际消费倾向的下降幅度比较大，此后下降幅度有所放缓，但仍然可以明显地看出这一下降趋势。

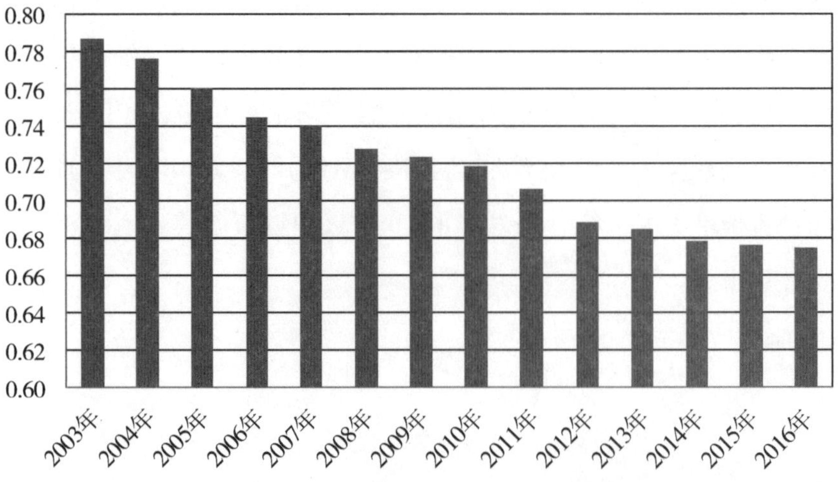

图 9－1　2003—2016 年样本城市总体平均边际消费倾向

表9－1则列举了35个样本城市2003—2016年自身平均边际消费倾向。其中，宁波、郑州、石家庄和济南等城市2003—2016年平均边际消费倾向较低，而深圳、上海、北京和广州等收入水平较高的城市平均边际消费倾向并没有排在最低梯队，特别是广州，作为人均可支配收入排在第5位的城市，平均边际消费倾向竟然达到0.80。这反映了收入较低的部分城市，可能由于生活成本较低、预防性储蓄率偏高、流动性约束较强和消费习惯等因素而出现边际消费倾向较低的情况，也说明了影响居民边际消费倾向的因素复杂多样，这些在进行经验计量分析时都是要考虑的问题。

表9－1　35个样本城市2003—2016年平均边际消费倾向

城市	平均边际消费倾向	城市	平均边际消费倾向
宁波	0.64	武汉	0.72
郑州	0.65	长沙	0.72
石家庄	0.65	南宁	0.73
济南	0.65	海口	0.74
南京	0.66	合肥	0.74
呼和浩特	0.68	乌鲁木齐	0.74
杭州	0.68	成都	0.75
太原	0.68	西安	0.76
福州	0.68	哈尔滨	0.77
厦门	0.69	银川	0.77
北京	0.69	贵阳	0.77
上海	0.69	重庆	0.78
昆明	0.70	大连	0.78

（续表）

城市	平均边际消费倾向	城市	平均边际消费倾向
深圳	0.70	兰州	0.78
南昌	0.70	沈阳	0.79
青岛	0.71	广州	0.80
天津	0.71	长春	0.80
西宁	0.71	—	—

（二）实证结果

1. 全时期回归分析

由于本章用于回归分析的面板数据 $N > T$，短面板数据，没有必要检验各变量面板数据的平稳性和协整关系，但需要判断究竟应该采用固定效应还是随机效应模型，以及检测模型是否存在异方差和自相关问题。豪斯曼检验结果显示，卡方统计量为 16.15，相对应的 P 值为 0.0028，强烈拒绝随机效应模型的原假设，故而选择固定效应模型为宜。

固定效应模型的估计结果见表 9－2。表 9－2 中，*sigma_ u* 和 *sigma_ e* 分别表示个体效应和随机效应的标准差，*rho* 等于 0.6463 则表明标准差中个体效应标准差贡献了更大部分。从系数估计结果看，人均可支配收入和房地产价格水平值对边际消费倾向 *MPC* 的影响都是负的，而房地产价格的变化率对边际消费倾向的影响则是正的。其中，人均可支配收入的系数估计值在 1% 的统计水平上显著，房地产价格水平值在 10% 的统计水平上显著，而房地产价格变化率则在 5% 的统计水平上显著。再从系数估计的数值来看，人均可支配收入仍然是影响边际消费倾向的主要因素，人均可支配收入每提高1%，居民边际消费倾向将降低0.0843。房地产价格水平对边际消费倾向的影响也不可忽视，房地产价格水平每上升1%，居民边际消费倾向将下降0.0184。房地产价格的变化率对居民边际消费倾向的影响程度相对较小，但却是正值，即当房地产价格变化率每提高1个百分点，居民的边际消费倾向将会上升0.0003。

表9-2　总体样本模型估计结果

变量	系数估计值	T统计量
常数项	1.6908	27.13***
$\ln Y_t$	-0.0843	-6.14***
$\ln HP_t$	-0.0184	-1.90*
HPG_t	0.0003	2.19**
$sigma\_u$	0.0444	—
$sigma\_e$	0.0328	—
rho	0.6463	—

注：***、**和*分别表示1%、5%和10%的显著水平。

那么，房地产价格的水平值和变化率究竟为何会对居民消费产生不同的影响呢？房地产价格水平高对于房地产持有者而言对应更多的净财富，但是在只有一套住房的情况下，更高的房地产价值并不必然带来更多的现金流。而中国强烈的遗赠预期甚至使房地产价值的攀升对一生消费的周期安排也较少产生影响，那些没有住房的居民或者具有住房改善需求的居民，面对更高的房地产价格，则可能会因为未来对住房的刚性需求而不得不减少消费而增加储蓄，从而产生挤出效应，促使边际消费倾向明显降低。尽管持有多套房地产者的存在和房地产价值攀升带来的流动性约束弱化有利于提振消费，但是这种效应可能无法抵消挤出效应，以致于房地产价格越高的城市，居民边际消费倾向越低。然而，房地产价格变化率对消费的影响机制却迥然异于房地产价格水平值。当房地产价格变化率提高时：一方面居民可能预期房地产价格将处于上升通道，为了获利将增加对房地产的购买，而购买后又需要提高对装修和家居用品的支出，关联消费效应显著，同时房地产价格更大幅度的变化率为部分居民带来更多的净财富与更大的财富效应，在一定时期内会推高边际消费倾向；另一方面居民预期房地产价格继续走高可能带来通货膨胀或者人均可支配收入的增长，从而将有动力提高边际消费倾向。

尽管更高的房地产价格会通过增加居民财富而产生正的财富效应刺激消费增长，但也会增加另一些居民的预期购房支出而产生负的财富效应，从而对消费产生更大的挤出作用。而房地产价格变化率也主要是通过刺激居民的当期购房行为及与房地产相关的消费来提高边际消费倾向，不具有长期性。因此，如果要提高居民边际消费效应和促进消费增长，建立消费型社会，在住房自有率达到一定程度之前，仍然有必要采取有效措施降低房地产价格水平，不能只看到房地产价格上涨对消费的短期刺激作用而忽视对消费带来的更长时期的挤出效应。

2. **时期分段回归分析**

由于不同阶段人均收入不同，以房价收入比衡量的房地产价格水平也不同，从而房地产价格及其变化对边际消费的影响也可能不同，因此，我们拟对式（2）进行时期分段回归分析，即分别对2003—2007年、2008—2016年进行回归分析，考察2008年全球金融危机前后房地产价格变动对消费的影响情况。估计结果见表9－3。

从表9－3中不难看出，两个时期段人均收入对居民边际消费倾向都有显著的负向影响，只是2008年前的影响程度更大，2008年后的影响程度则明显有所减弱。两个时期段房地产价格及其变动率对居民边际消费倾向的影响显著不同，甚至各自系数估计值的符号都发生了变化。在2008年前，房地产价格水平的高低对边际消费倾向具有正向影响，且在10%的统计水平上显著，而房地产价格变动对边际消费倾向的影响为负，且在统计上不显著；2008年后两者对边际消费倾向的影响发生了相反的变化，房地产价格水平的高低对边际消费倾向具有负向影响，且在统计上不显著，而房地产价格变动对边际消费倾向的影响为正，且在10%的统计水平上显著。为什么会出现这种现象呢？2008年前，房地产价格水平总体还处于相对较低的水平，房地产价格越高带来的财富效应越大于可能所带来的挤出效应，房地产价格对边际消费倾向产生的净效应是正的，而由于彼时房地产价格步入上升通道不久，居民并没有因更高的房地产价格变动率而预期房地产价格将继续上涨，房地产成交量也相对较少，购买所带来的关联消费效应不明显，但更高的价格变动率使持币观望待购的人群增加，对边际消费倾向产生一定的挤出效应，但总体房地产价格变动对边际消费倾向的影响并不明显。2008年后，房地产价格及其变动率对边际消费倾向的影响与全样本时期的估计结果基本一致，理由也基本相似，但是房地产价格对边际消费倾向的影响并不显著，这主要是因为线性回归模型的设置带来的问题，即2008—2016年这一时期常数项比全时期回归的结果更小，由其他变量捕捉到的信息更大，使本来就只在10%统计水平上显著的房地产价格系数估计值变得不显著。分时期段的估计结果表明，基于总体样本而不是微观样本展开的研究中，房地产价格及其变动率对边际消费倾向的影响并不是非常稳健的，不同收入水平、住房拥有情况、价格的高低、预期的形成与否等都是重要的影响因素，在不同阶段其所具有的财富效应、挤出效应和关联效应也都存在显著差异，最终会影响到净效应的符号和大小。

表 9－3　总体样本模型估计结果

2003—2007 年		2008—2016 年	
变量	系数估计值	变量	系数估计值
常数项	2.1892***	常数项	1.571***
$\ln Y_t$	－0.1847***	$\ln Y_t$	－0.0687***
$\ln HP_t$	0.0372*	$\ln HP_t$	－0.0223
HPG_t	－0.0009	HPG_t	0.0004**
sigma_ u	0.0480	*sigma_ u*	0.0499
sigma_ e	0.0250	*sigma_ e*	0.0275
rho	0.7865	*rho*	0.7671

注：***、**和*分别表示1%、5%和10%的显著水平。

四、结论

本章以全国35个大中城市为对象，研究了房地产价格水平及其波动对居民边际消费倾向的影响情况，发现房地产价格水平与房地产价格变动率对居民边际消费倾向具有不同的影响机制，并且在不同的情形下对边际消费倾向影响情况也不完全相同。就全时期样本而言，房地产价格水平对边际消费倾向具有负向影响，这主要是因为正的财富效应远小于负的挤出效应，而房地产价格变动率对边际消费倾向的影响则是正的，这主要是因为房地产价格上涨预期形成后的刺激性购买增加，并在短期内促进了关联消费支出的上升。但分时期段样本回归结果则表明，2008 年前后两个不同时期段房地产价格及其变动率对居民边际消费倾向的影响呈现相反的情形，揭示了房地产价格及其变动率对居民边际消费倾向的影响并不总是一致的，而是与不同发展阶段密切相关。

研究结果一方面表明房地产价格及其变动率对居民边际消费倾向产生影响，从而对总消费具有显著的影响，需要通过采取相应的政策措施对房地产市场予以调整；另一方面也表明这种影响也不是固定不变的，需要根据不同时期的发展特点，有针对性地采取更为适宜的政策措施引导房地产市场的发展，既能使房地产市场满足人们居住的需求，又要避免房地产价格的变动率可能对社会消费产生的不利影响，以防对宏观经济形成更大的冲击。房地产价格及其变动率对边际消费倾向在不同阶段所呈现出的不同特征，也为我们未来的研究指出了方向，即需要对不同阶段房地产价格及其变动率所产生的财富效应、挤出效应和关联效应进行探讨，对其进行分离和测算，以利于更加准确地把握各效应的变化规律，以及这些效应可能产生的综合效应的性质。

第十章　中国房地产业金融加速器效应研究

一、研究背景和文献回顾

自改革开放以来，中国经济尽管经历了几次较大幅度的波动，但是总体保持着高速增长的态势。1978—2016 年，中国国内生产总值平均增速达到 9.7%，人均国内生产总值平均增速也达到 8.5%。在此期间，中国经济经历了 4 次大的周期波动，分别形成了 4 个较明显的波谷。第一个波谷出现在 1981 年左右，第二个波谷出现在 1990 年左右。第一个波谷的出现是政府为遏制急剧上升的通货膨胀而主动从严调控的结果；第二个波谷的出现则受政治风波和严峻的国际环境的影响。第三个波谷形成于 1997 年，主要由外部冲击所致，即中国经济受到了 1997 年东南亚金融危机的不利影响。第四个波谷则开始形成于 2012 年，2012 年和 2013 年经济增长率都为 7.7%，2014 年经济增长率继续略微下降至 7.3%，2015 年和 2016 年则降低到 7.0% 以下。第四个波谷形成的原因较前几次波谷的形成都更为复杂，既有外部冲击方面的原因，更有结构调整方面的原因。而且，随着时间的推移和中国经济发展特征的变化，第四个波谷的性质也正在发生变化，即逐渐成为新一轮经济增长的区间中枢，从而标志着中国经济增长将由过去 30 余年的“超高速”向“中高速”转换。

经济周期性波动是市场经济的一个重要特征，中国经济周期的形成也说明了这一点。也正因为如此，经济周期也成为宏观经济研究的重要领域。尽管引起经济周期波动的因素有很多——既有技术层面的实际冲击，也有货币层面的名义冲击；既有来自需求层面的冲击，也有来自供给方面的冲击——但是，初始冲击通常程度较轻，其本身并不足以引起经济的较大周期波动。正是这一现象使经济学家们在感到困惑的同时，也激起了他们对冲击传导机制的研究热情，试图找出这些传导机制具有冲击扩大效应的秘密。凯恩斯主义所谓的支出乘数效应和菜单成本效应等，都是其中比较具有典型性的研究成果。Bernanke（1996）从 1929 年发生的美国大萧条出发，在费雪“债务—通货紧缩”机制的启发下，利用不对称信息理论提出了“金融加速器”理论，论证了由于信贷市场的不完全，一个初始冲击会被放大到对信贷市场产生显著影响，从而产生“小冲击、大波动”的金融加速器效应。Bernanke 等（1999）进一步将信贷市场摩擦和企业净值纳入动态新凯恩斯框架下，最终形成了金融加速器理论的一般模型（BGG 模型）。金融加速器效应可以表述如下：冲击引起经济主体资产净值的变化，由于信贷市场信息不完全，这一净值的变化将对外部融资规模和成本产生影响，并继而导致总体经济水平发生更大幅度的变动。

金融加速器理论自从被提出以后，很快受到越来越多研究者的重视，并且在多个方面进行扩展，金融加速器效应存在的领域和发挥的渠道得到极大的拓宽。金融加速器效应的不对称性尤其受到研究者的关注。具有高资产净值的经济主体更容易获得银行贷款，借款人资产规模大小不同，金融加速器效应也不相同，中小企业金融加速器效应强于大型企业（Gertler 和 Gilchrist，1994）。经济周期的不同阶段金融加速器效应的大小也不同，经济衰退期间的金融加速器效应强于经济扩张的效应（Bernanke 和 Gertelr，1989）。在具体的模型构建上，金融加速器效应一般通过信息不对称的假设和不同类型借款主体的设定等方式被引入一般均衡模型。采用前一种方式的研究学者包括 Bernanke（1999）、Kiyotaki 和 Moor（1997）、Greenwald 和 Stiglitz（1993）等，采用后一种方式的研究学者包括 Aoki 等（2002）、Gertler 和 Kiyotaki（2010）等。

在金融加速器的具体应用方面，Gertler 和 Gilchrist（2007）研究了不同汇率制度下的金融加速器效应，Olivero（2010）考察了金融加速器与经济周期的国际传导之间的关系，Coric 和 Pugh（2013）则探讨了 20 世纪 90 年代以来全球高增长、低通胀时期的金融加速器效应，Freedman 等（2010）利用金融加速器估计了危机期间财政政策的效应等。当然，更多的人则研究了金融加速器在货币政策传导中的作用。Bernanke 和 Gertler（1995）论证了利率变化可以通过利率敏感性资产和银行资本对资金筹集能力产生影响，Dokko 等（2009）则研究了利率变化通过银行资产与负债错配渠道对银行资本产生影响，继而对资金供给能力产生影响。Bernanke 和 Mihov（1998）则探讨了利率变化对借款人资产价值及现金流的影响，继而对其外部融资能力产生的影响。这些研究表明金融加速器效应广泛存在于经济运行的各个方面，对这些金融加速器进行研究对深刻认识冲击对经济波动的影响情况是非常必要的。

房地产领域也存在着重要的金融加速器效应。由于房地产是一种资产，当充当家庭借款抵押品时就会产生金融加速器效应（Aoki 等，2002），抵押市场越发达，抵押合同越灵活的国家，货币冲击的放大作用越强，经济波动也越剧烈（Calza 等，2009）。Girouard（2006）证明 OECD（经济合作与发展组织）国家中房地产市场波动还会通过利率渠道对经济周期产生影响。Iacoviello（2005）也论证了房价波动对经济周期具有显著影响作用。Negro 和 Otrok（2005）则分析了美国货币冲击对房价的影响，即货币冲击影响房价，房价的变动产生金融加速器效应，并对利率产生影响，而利率变化会再反过来施加到房价上。

国内研究房地产金融加速器效应的文献也较多。崔光灿（2006）发现房价的上涨会引发房地产抵押贷款的增加，并进一步推高房屋需求和推高房价。刘一楠（2017）也论证了房地产市场通过金融加速器效应具有价格自我加速机制，是导致“价量双高”的主要原因。

邹琳华和柯翠（2009）则通过研究发现中国房地产市场中金融加速器效应也存在非对称性。谭政勋和王聪（2011）在一个 DSGE 模型中证明了房地产价格的银行反馈系统显著增大了经济波动。尹希果和杨倩（2016）则通过研究发现房地产去库存将有利于金融加速器效应的增强。这些研究表明，中国房地产领域不仅存在金融加速器效应，而且对房地产本身乃至整个国民经济都产生深刻的影响，因此有必要对其展开各个层面的研究，以准确把握其发生的机制、渠道和影响程度的大小，并制定相应的措施减弱其过强的经济波动放大作用。

二、金融加速器的作用机制

Bernanke 等（1999）对金融加速器进行了开拓的研究之后，大量学者相继对经济领域中广泛存在的金融加速器效应展开了多维度的探索，并证明了金融加速器效应的存在。金融加速器发生作用的机制关键在于，信息不完全条件下市场环境改变所导致的信贷成本的上升或降低，将促使银行等信贷中介机构对资金利率进行相应调整，继而对市场上的资金借贷规模产生影响，并对企业生产经营活动乃至整个经济领域形成冲击。

假定银行是贷款人，企业是借款人，银行不能完整获得企业技术、管理和财务方面的信息，就转而更加看重贷款抵押品的价值，当抵押品的价值上升，银行认为贷款风险降低，将降低贷款利率，利率的降低则刺激企业获取更多的借款。此时，利率的决定公式可以由下式来表示：

$$E_t\ (R)_t^f = s(\frac{Q_t^K K_t}{L_t})\ R_t^b$$

其中，$E_t\ (R)_t^f$ 是银行向企业提供贷款的实际预期利率，R_t^b 是银行实际贷款基准利率，$s(x)$ 是减函数，一阶导数 $s'(x) < 0$，二阶导数 $s''(x) > 0$。$s(x)$ 表示利率风险贴水比例，金融加速器正是通过此函数发挥作用。函数项中，K_t 表示企业借款抵押资产，Q_t^K 是资产价格，L_t 表示银行向企业发放的贷款。当企业借款抵押资产价格 Q_t^K 上升时，抵押资产价值相对原有贷款价值比率上升，银行贷款安全系数增加，利率风险贴水 $s(x)$ 将下降，带动银行实际贷款利率趋于下降，刺激企业更积极地向银行借款，推动 L_t 上升，直至在新的借贷规模水平形成均衡。依据抵押品价值与贷款比例对利率进行调整是金融加速器发挥作用的重要渠道，这一渠道对于家庭的资产抵押贷款也适用。对于企业而言，除了看抵押品价值与贷款比例高低来调整利率外，银行很多时候还根据企业总体的资产负债情况或者说是自有资产比例的多少，决定贷款利率风险贴水的高低。这时上式就变换为以下形式：

$$E_t\ (R)_t^f = v(\frac{N_t(P_t^K) + D_t}{N_t(P_t^K)})\ R_t^b$$

$v(x)$ 是增函数，一阶导数 $v'(x) > 0$，二阶导数 $v''(x) < 0$。这里 N_t 是企业自有净资产，是资产价格 P_t^K 的增函数，D_t 是企业负债。由上式可以看到，当 P_t^K 增加的时候，$\frac{N_t(P_t^K) + D_t}{N_t(P_t^K)}$ 将变小，$v(x)$ 也会相应变

小，利率风险贴水下降，银行向企业提供贷款的实际利率也会下降，并促使企业努力从银行获取更多的贷款用于生产经营活动，金融加速器效应由此产生。

三、模型设定和变量说明

房地产的金融加速器效应对诸多行业乃至宏观经济运行都有重要影响。然而，由于房地产行业自身就拥有大量土地和房产，房地产的金融加速器效应对房地产行业的影响也应远高于其他行业。基于这一考虑，本章拟对房地产行业存在的金融加速器效应进行考察。大部分学者考察了房地产金融加速器对房价的影响，也有部分学者考察了房地产金融加速器对投资的影响。本章主要使用微观企业数据来考察金融加速器效应，而金融加速器对企业的影响最直接的表现是在资产负债表上：在扩张期由于房地产价格的上升使房地产抵押贷款更易获得，房地产企业反而会致力于资产负债表的扩张，使资产负债率趋于上升；而反之，当房地产市场不景气时，房地产企业则难以通过增加房地产抵押贷款来扩张资产负债表，资产负债率趋于下降。因此，本章将以资产负债表为被解释变量，观察在不同时期、不同类型房地产企业资产负债表的变化情况。由于房地产价格是一个地区性宏观变量，而我们采用的是微观企业数据，房地产价格难以直接进入模型，故选取一个比较理想的代理变量是必要的。在房地产价格趋于上升时，通常也伴随房地产成交量的上升和销售毛利率的增加，所以我们选取企业营业收入和销售毛利率作为房地产价格的代理变量，考察不同市场环境下企业对资产负债表的扩张与收缩行为。企业资产负债表的扩张与收缩行为难以在短期内频繁灵活调整，通常要持续一段时期，即往期资产负债率可能对当期资产负债率产生影响，因此资产负债率的滞后项也应作为解释变量进入模型。根据理论描述，金融加速器效应的一个重要特征是非对称性的存在，从而两者的关系可能是非线性的，因此需要通过模型设定来分析市场环境不同变化特征可能导致的资产负债率的非对称变化。这里拟采用面板数据的门限回归模型，由于被解释变量的滞后项作为解释变量进入了模型，因此需要采用动态面板数据门限模型对其进行估计。动态面板数据门限模型的基本形式如下：

$$DAR_{i,t} = \alpha_i + \beta_i DAR_{i,t-1} + \lambda_{1,i} \ln Revenue_{i,t} I(q_{i,t} \leqslant \gamma_1) + \lambda_{2,i} \ln Revenue_{i,t} I(\gamma_1 < q_{i,t} \leqslant \gamma_2) + \lambda_{3,i} \ln Revenue_{i,t} I(q_{i,t} > \gamma_2) + \varepsilon_{i,t} \quad (1)$$

$DAR_{i,t}$ 是房地产企业资产负债率，$DAR_{i,t-1}$ 是过去一期的房地产企业资产负债率，$\ln Revenue_{i,t}$ 是对数形式的房地产企业营业收入，β_i 和 λ_i 是待估计参数，α_i 是个体效应，$\varepsilon_{i,t}$ 是随机效应，$q_{i,t}$ 为门限变量，这里使用销售毛利率，这是因为销售毛利率比营业收入更能反映房地产价格的变化，而营业收入变动的个体效应更强一些，γ 为门限变量的门限值，门限值的具体个数和数值需要通过检验得到。

本章以全国在沪深上市的房地产企业为样本对象，但为了集中考察房地产行业的金融加速器效应，仅选取房地产销售收入占比达到 70% 以上的房地产开发企业进行研究，根据数据的完整性和可得性，最终选取了 44 家房地产企业作为样本，样本时期为 1997—2016 年，资产负债率和营业收入数据均来自 Wind 资讯数据库。其中，营业收入根据工业生产者出厂价格指数进行了消胀处理。

四、实证分析

（一）动态面板数据门限回归模型内生性和个体效应的处理

由于动态面板数据门限模型的解释变量中包含了被解释变量的滞后项，内生性由此产生，需要采用 Caner 和 Hansen（2004）处理内生性的技术，确切地说，要采用工具变量法对内生性解释变量进行估计，这里选取被解释变量的滞后项作为工具变量。简化型线性回归模型的形式为：

$$DAR_{i,t-1} = u_i + \sum_{j=1}^{p} \theta_j DAR_{i,t-j-1} \tag{2}$$

p 在理论上可以取 $[1, t]$ 的任何值，u_i 是个体效应。在采取 POLS 方法得到参数 θ_j 的估计值后，以此计算内生性解释变量的预测值 $DAR^*_{i,t-1}$，并将其作为 $DAR_{i,t-1}$ 的工具变量用于模型估计。

模型估计前的另一项重要工作是要消除样本的个体效应，一阶差分的方法不能消除转换后残差项的序列相关性，因此参照 Arrellano 和 Bover（1995），采用前向正交离差变换来消除个体效应。对各个变量进行前向正交离差变换后，式（1）将相应变换为如下形式：

$$\widehat{DAR}_{i,t} = \beta_i \widehat{DAR}_{i,t-1} + \lambda_{1,i} \ln \widehat{Revenue}_{i,t} I(q_{i,t} \leqslant \gamma_1) + \lambda_{2,i} \ln \widehat{Revenue}_{i,t} I(\gamma_1 < q_{i,t} \leqslant \gamma_2) + \lambda_{3,i} \ln \widehat{Revenue}_{i,t} I(q_{i,t} > \gamma_2) + \varepsilon_{i,t} \tag{3}$$

当 $\widehat{y}_{i,t}$ 表示式（3）中任一变量时，则有

$$\widehat{y}_{i,t} = \sqrt{\frac{T-t}{T-t+1}}\left[\widehat{y}_{i,t} - \frac{1}{T-1}(\widehat{y}_{i,t+1} + \widehat{y}_{i,t+2} + \cdots + \widehat{y}_{i,t+T})\right]$$

对于任意给定的门限值γ，对式（3）进行估计，并计算相应的残差平方和SSR，重复此计算过程，选择使SSR最小的γ值作为门限值对式（3）的系数进行固定效应模型估计。

（二）估计结果

1. 全样本估计结果

我们首先使用全部44家上市房地产企业的数据对式（3）进行估计。在对式（3）进行门限个数的检验之后，得到如表10－1的结果。表10－1第二行显示了模型是否存在一个门限值的检验结果，根据F统计量和伴随概率，模型并不存在一个能够产生显著门限效应的门限值，但是根据第三行的是否存在两个门限值的检验结果，模型在5%的显著性水平上存在两个门限值。门限效应显著性检验结果见表10－1。门限变量销售毛利率的两个门限值γ_1、γ_2分别为9.75%和27.65%，95%渐进置信区间分别为［7.81，10.39］和［25.65，28.35］。将两个门限值γ_1、γ_2代入式（3），采用双门限面板数据模型对其进行估计，估计结果见表10－2。

表10－1　全样本模型门限效应显著性检验结果

假设检验	残差平方和	均方误差	F统计量	伴随概率	自举临界值（300次）		
					10%	5%	1%
H_0^1：没有门限值； H_1^1：有一个门限值	73600.00	100.65	4.70	0.35	8.31	10.62	14.10
H_2^0：有一门限值； H_2^1：有两个门限值	72200.00	98.81	13.58	0.05	10.23	13.07	18.25

由表10－2中系数估计值不难看出，房地产上市企业资产负债率与营业收入呈现明显的非线性关系。当销售毛利率小于9.75%时，系数λ_1的估计值只有0.6151，并且在统计上也不显著；当销售毛利率大于9.75%而小于27.65%时，系数λ_2的估计值达到4.2577，由于营业收入是对数形式，意味着当营业收入每增长1%时，房地产上市企业的资产负债率将提高4.2577个百分点，而且此时统计显著性也达到1%的水平；不过，当销售毛利率大于27.65%时，系数λ_3的估计值大幅降低，只有1.4061，房地产上市企业的扩表行为明显受到抑制。那么，房地产上市企业为何呈现出这种非线性的扩表行为呢？当销售毛利率较低时，房地产价格一般呈现稳定甚至下行态势，企业的地产和房产等存货用作抵押品的性能减弱，获得贷款的能力受到限制，营业收入的增加更多地凭借股权融资，资产负债率提升速度将放缓；但当销售毛利率非常高时，房地产价格通常经过一段时间的上涨处于高位，中央银行的宏观调控和房地产价格可能由升转降将使银行趋向于收紧贷款，房地产企业资产负债率随营业收入增加而提升的速度也将明显下降；只有当销售毛利率位于中间区域时，才是房地产价格刚开始上涨之旅的时候，银行和房地产企业对市场的预期都逐渐转向乐观，银行更大规模地放贷，而企业也乘势大肆扩表，资产负债率随营业收入的增加而以更快的速度上升。由此可见，当营业收入增加时，房地产企业总体是倾向于更大幅度增加负债的，特别是在市场由冷转暖的过渡时期，这一扩表行为表现得更为激进，而在市场较冷或者较热的阶段，扩表行为由于受到金融加速器效应减弱的影响而受到抑制。

表 10－2　全样本双门限模型的系数估计

系数	系数估计值	T 统计量
β	0.7335	20.84***
λ_1	0.6151	0.97
λ_2	4.2577	5.69***
λ_3	1.4061	2.81***
sigma_ u	2.8526	—
sigma_ e	10.1590	—
rho	0.0731	—

注：***、**、*分别表示在 1%、5%和 10%的统计水平上显著。

2. 分类型样本估计结果

为了考察不同房地产企业金融加速器效应的情况，我们将 44 家上市房地产企业按照 2016 年营业收入规模分成两组，第一组包括了 22 家营业收入规模较大的企业，第二组则包括了 22 家营业收入规模较小的企业，仍然分别采用式（3）的形式对其分别进行门限效应显著性检验及模型系数估计。门限效应显著检验结果分别见表 10－3 和表 10－4。表 10－3 和表 10－4 显示，高营业收入组并不存在使门限效应具有显著性的门限值，而低收入组却存在两个门限值，分别为 9.72% 和 27.64%，与全样本情形下的门限值非常接近。这表明，全样本模型所具有的门限效应主要是受低营业收入组的影响而存在的。因此，我们将高营业收入组按照普通的无门限固定效应回归模型进行估计，此时式（3）蜕化为式（4），估计结果见表 10－5。

$$\widehat{DAR}_{i,t} = \beta_i \widehat{DAR}_{i,t-1} + \lambda_i \ln \widehat{Revenue}_{i,t} + \varepsilon_{i,t} \quad (4)$$

此外，仅将低营业收入组的两个门限值 γ_1、γ_2 分别代入式（3），采用双门限面板数据模型对其进行估计，估计结果见表 10－6。

表 10－3　高营业收入组门限效应显著性检验结果

假设检验	残差平方和	均方误差	F统计量	伴随概率	自举临界值（300 次）		
					10%	5%	1%
H_0^1：没有门限值；H_1^1：有一个门限值	31800.00	89.10	4.59	0.32	8.87	10.25	13.59
H_2^0：有一门限值；H_2^1：有两个门限值	31400.00	87.88	4.96	0.41	10.65	12.81	19.21

表 10－4　低营业收入组门限效应显著性检验结果

假设检验	残差平方和	均方误差	F统计量	伴随概率	自举临界值（300 次）		
					10%	5%	1%
H_0^1：没有门限值；H_1^1：有一个门限值	39800.00	111.45	11.39	0.03	8.88	10.69	14.53
H_2^0：有一门限值；H_2^1：有两个门限值	38300.00	107.22	14.07	0.02	9.77	12.39	15.93

表 10－5 中显示的是高营业收入组房地产企业营业收入与资产负债率的线性正相关关系，同时系数 λ 的估计值也明显偏小，只有 2.1426。表 10－6 则显示了低营业收入组房地产企业营业收入与资产负债率的非线性相关关系，同时对表 10－6 和表 10－2 进行比较后不难发现，低营业收入组与全样本模型的系数估计结果还是有些出入的。在剔除了高营业收入组的影响之后，当销售毛利率处于低区间和高区间时，系数估计值都变成负数，即在市场不景气或者过度繁荣时期，低营业收入组的房地产企业，将出现营业收入增长的同时收缩资产负债表的情况，反映了低营业收入组的企业受到更严重的金融加速器效应的逆向影响，贷款能力受到更大程度的抑制。不过，无论销售毛利率处于低区间还是高区间，系数的估计值在统计上是缺乏显著性的。然而，当我们考察销售毛

利率处于中间区间的情形时，则会发现随着营业收入的增长，低营业收入组以更快的速度通过债务进行扩表，资产负债率以比全样本房地产企业情形时更大幅度的上涨，当营业收入增长1%时，资产负债率将提高5.3868个百分点，高于全样本情形时的4.2577。这反映了低营业收入组房地产企业通常处于更严重的资金短缺状态，当市场转好时并在条件允许的情况下，将比高营业收入组更有积极性地通过房地产抵押大量举债的方式进行扩表。从而我们也由此可以得出这样的结论，即规模越小的房地产企业，金融加速器效应对其所产生的影响也就越大。

表10-5　高营业收入组无门限固定效应回归模型的系数估计

系数	系数估计值	T统计量
β	0.7829	17.10***
λ	2.1426	4.54***
sigma_ u	2.4319	—
sigma_ e	9.5944	—
ϱ_e	0.0604	—

注：***、**、*分别表示在1%、5%和10%的统计水平上显著。

表10-6　低营业收入组双门限模型的系数估计

系数	系数估计值	T统计量
β	0.6890	13.31***
λ_1	-1.5082	-0.93
λ_2	5.3868	4.52***
λ_3	-0.9036	-1.10
sigma_ u	3.0896	—
sigma_ e	10.4880	—
ϱ_e	0.0799	—

注：***、**、*分别表示在1%、5%和10%的统计水平上显著。

以上分析表明，房地产行业作为拥有大量土地储备、在建或已建房产的行业，房地产价格波动导致的企业抵押贷款能力的变化将产生金融加速器效应，这种效应通常使企业在营业收入增加的同时不是降低而是提高资产负债率。不过，分析也表明，规模不同的房地产企业对资金的需求是不同的。一般而言，规模越大的房地产企业金融加速器效应越弱，在以销售毛利率来描述的市场环境发生变化时，这些房地产企业负债经营的行为并没有出现明显改善，而是呈现出一种较为稳定的正相关的线性关系；而规模越小的房地产企业金融加速器效应越明显，当市场环境发生变化时，房地产企业负债经营的行为将出现跳跃性变化，特别是当市场由冷转暖的过渡时期，金融加速器效应非常明显，推动这些房地产企业资产负债率以更快的速度攀升。

五、结论

本章通过构建一个动态面板数据门限回归模型，利用在沪深上市房地产企业的面板数据对房地产企业的金融加速器效应进行检验。检验结果表明，不同的市场环境下不同类型的房地产企业，金融加速器效应的大小和作用存在明显差异。规模较大的企业对市场环境的反应比较不敏感，只要营业收入增加，就倾向于通过举债来提高资产负债率。但是规模较小的企业对市场环境的反应要敏感许多，当市场环境由冷转暖时，营业收入的增加会促使这些企业以更大幅度的举债来提高资产负债率。这主要在于规模较大的企业融资可以更多地依靠信用和实力，对房地产抵押贷款的依赖程度要低得多，而规模较小的企业经营业绩更容易受到市场变化的影响而波动，赖以融资的信用和实力都无法与规模较大的企业相提并论，只有当市场转好，房地产抵押价值上升和贷款风险下降时，这些企业才可能更大规模地举债，资产负债率也较其他市场条件下上升得更快，金融加速器的效应表现得才更显著。

本章的研究结论表明，房地产用作抵押品所具有的金融加速器效应是客观存在的，房地产行业作为拥有大量房地产存货的行业，其金融加速器效应比其他行业也应该更为显著。本章用以研究的样本企业都是在沪深两市公开上市的房地产企业，本身都具有一定的规模和更多的融资渠道，但依然存在着较显著的金融加速器效应，不难想象那些没有上市的众多的中小房地产企业的金融加速器效应该更大。因此，房地产市场的任何波动，都会推高或降低房地产行业的资产负债率，并进而对房地产企业的房地产开发行为产生深刻的影响。认识房地产行业存在的金融加速器效应，推而广之，认识房地产作为抵押品在国民经济中所产生的金融加速器效应，并在制定宏观调控政策时充分考虑到这一效应，对于减小经济运行波动和避免金融动荡风险，都具有重要的意义。

第十一章　房地产泡沫的形成、测度与风险

一、研究背景和文献回顾

现代社会所爆发的金融危机大多表现为房地产危机，而房地产泡沫的破灭则是其直接导火索。2000 年以来，中国房地产价格经过了几轮疯狂上涨，收入房价比持续攀升，特别是 2016 年部分大城市房地产价格的近乎翻倍的涨幅，极大地刺激了人们的投机情绪，房地产涨价潮迅速向全国蔓延，甚至带动了许多中小城市房地产价格的上涨，房价收入比达到了更加惊人的水平，不仅显著增加了人们的住房负担，而且蕴藏的金融风险也越来越大。那么，中国房地产存在泡沫已经毋庸置疑，问题是这种泡沫到底有多大？会不会破灭？房地产泡沫一旦达到严重的程度，经济管理者将面临两难的选择困境：如果不刺破，那么将导致整个社会的生产生活成本高企；如果刺破，那么可能带来危害性极大的金融危机。因此，预防严重房地产泡沫的形成，将是最明智之举。不过，如果房地产泡沫主动或被动破灭不可避免，那么需事先选择和储备应对危机的一揽子计划，将危机的不利影响降至最低。

如果对房地产泡沫进行测度，那么首先需要明确什么是房地产泡沫。Stiglitz（1990）将泡沫定义为资产“价格偏离价值”，而 Lind

（2009）则倾向于将资产价格变动作为泡沫形成的判别标准。这两者都强调价格变动在泡沫形成中的核心作用，只是前者更加重视价格的相对变动，后者则更加突出价格的绝对水平变动。资产价格相对价值的偏离无疑指出了资产泡沫的本质，但是由于资产价值的确定存在难度，观察某特定时期资产价格的变动情况就成为判断资产泡沫是否存在或放大的最直观的方法。不过，在对房地产泡沫的大小进行测度时，就一定要依据前者的定义，因为泡沫就是价格中的虚假成分，必须与实际成分——价值相比较才能判别，而且用作比较基础的价值，也仍然是相对动态的概念，受到人们收入变化、租金收益高低、通货膨胀程度、城市的规模和性质等因素的影响。因此，对房地产泡沫进行测度时不仅要认识到其相对性，还应具有动态和区域的视角。

对房地产的泡沫进行测度的方法有很多，既包括直接检验法和间接检验法，也包括指标法和多元统计方法。直接检验法的基础是通过模型计算房地产的基础价值，并与实际价值相比，它存在着基础价值难以获得的问题。间接检验法主要对房地产价格与房屋租金收益的协整关系进行检验，只能检验以租售比衡量的房地产泡沫的有无，无法直接用来判断其大小。这是因为，直接检验法和间接检验法较少为研究者所采用。指标检验法虽然没有高深的数理或计量模型为基础，但是通常使用更符合人们主观感受的相关变量比率作为衡量房地产泡沫的标准，也被文献所广泛采用。修丽娜、刘湘南和黄凌翔（2009），史明瑛和宁建华（2009），吕江林（2010），李泽明、刘依依和张乾瑾（2012）等，采用单指标法计算了中国或某些城市的房地产泡沫水平。如吕江林（2010）以房价收入比作为评价指标计算了我国 35 个大中城市 2006—2008 年住房市场的泡沫水平，结论是总体存在较大的泡沫。多元统计方法则对所观察到的多元指标赋予满意值和不允许值，对各指标值进行加权平均测算研究对象的综合状况，是一种以指标法为基础而又相对综合的测度方法。安鹏、蔡明超和高国华（2008），李金和何雄浪（2010），采用多元统计方法测度了中国或者某些城市的一定年度内房地产泡沫水平；吕铮和高明（2012）再次用多元统计方法测度了重庆 1997—2009 年房地产的泡沫。具体选取哪一种方法对房地产泡沫进行测度，要根据研究目的的需要，但是，因为房价收入比和租售比分别从房地产的消费属性和资产属性出发，衡量人们对房地产购买的负担能力和资产收益的相对大小，是两个最为核心的指标，其他指标更多地是房地产泡沫形成时所伴随的现象，所以房价收益比和租售比两项指标在任何时候都不能被忽视。我们就主要以这两项指标作为衡量房地产泡沫的基础指标，再结合其他相关指标来对其进行评判和测度，其后再对房地产泡沫的风险进行分析，以及提出相应的防范或管理措施。

二、房地产泡沫的测度

中国幅员广大，地区差异特别是大中小城市之间的差异非常大，对全国房地产的泡沫进行测算并不能准确地观察到房地产泡沫的真实情况和结构状况，因此，我们试图在对全国房地产泡沫进行测算的基础上，再对主要城市的房地产泡沫进行测算和比较。

（一）全国房地产价格的变动与泡沫

对全国性质的房地产泡沫进行测度是非常困难的，这是因为总和数据并不能反映区域间的差异，特别是当部分地区存在泡沫，而另一些地区却不存在泡沫的时候，更是如此。尽管如此，观察全国房地产价格的平均变动情况，仍然可以作为对区域房地产泡沫差异进行分析思考的起点和基础。图 11 -1 描述了全国城镇商品住宅平均房价收入比的变化情况。从图 11 -1 中不难看出，1999 年全国城镇平均房价收入比为 9.2，即每个标准人口规模的城镇家庭用全部可支配收入购买一套 90 平方米的住房需要 9.2 年的时间，此后这一比率就呈现出下降的趋势，2016 年这一比率降至 6.6，与人们实际感受到的房价收入比的上升并不一致。至少有 3 个方面的原因拉低了全国城镇平均房价收入比：一是大中小城市的住宅销售价格存在显著差异；二是中小城市销售的商品住宅总面积所占比重显著上升；三是城镇外围或郊区相对中心城区商品住宅销售面积显著增长。尽管如此，2016 年全国城镇平均房价收入比只有 6.6，如果部分大中城市存在较严重的房地产泡沫的话，房价收入比一定会更高，那么就存在着许多中小城市房价收入比低于 6.6，即这些中小城市房价收入比将可能低于 6 -7 这个国际公认的合理区间，从而全国性的房地产泡沫并不存在，这也与许多县域经济体仍然存在着房地产去库存压力的事实一致。

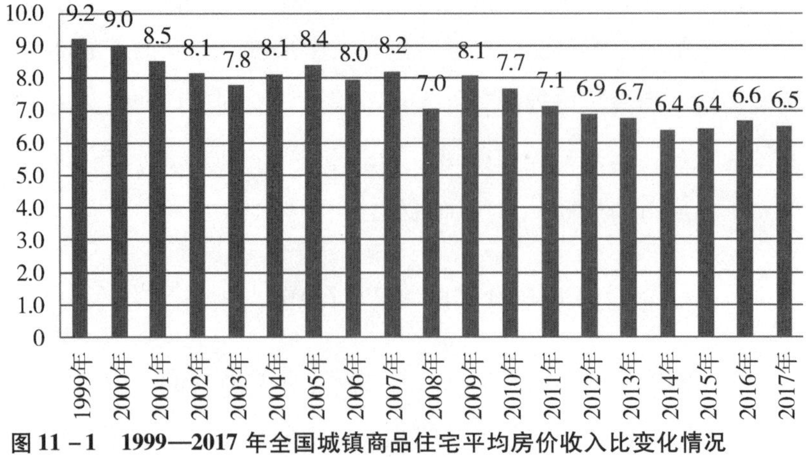

图 11 -1　1999—2017 年全国城镇商品住宅平均房价收入比变化情况

数据来源：Wind 资讯和中华人民共和国统计局网站。

注：用来计算房价收入比的商品房住宅面积以 90 平方米为标准，收入则是城镇家庭规模 3 人和城镇家庭人均可支配收入的乘积。

我们再来观察房屋租金收益率的变化情况。图 11－2 显示，在 1999 年租金收益率为 4.0% 的情况下，在经历了 2000—2002 年短暂的上升时期后，从 2003 年开始租金收益率逐渐降低，2016 年已经降低至 2.0%，即租金收益率比 1999 年下降了 50%。租金收益率可以换算成租售比，4.0% 的租金收益率对应 1∶300 的租售比，即 300 个月的租金收入可以回收本金，那么 2.0% 的租金收益率就对应 1∶600 的租售比，即需要 600 个月才可以回收本金。由此可以看出，如果不考虑房屋升值的资本利得收入，仅仅房屋的租金收益并不足以使投资者进入房地产市场。因此，从投资的角度来看，房屋的投资风险在逐步增加，一旦房屋价格不再上升的预期形成，租金收益率又无法达到社会平均预期收益率的时候，抛售房产就可能成为一股浪潮而引发金融危机。以上的数据还仅仅是全国性的平均数据，具体到个别城市，情况可能更为严重。因此，如果仅仅从租金收益率来考察，全国性的房地产泡沫已经存在并日益趋于严重。

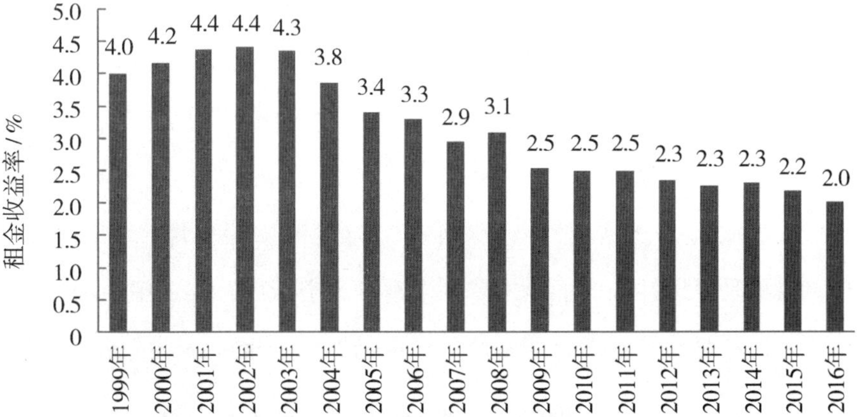

图 11－2　1999－2016 年全国商品住宅平均租金收益率变化情况

数据来源：Wind 资讯和中华人民共和国国家统计局网站。

注：由于全国性的租金水平不可获得，1999 年基数租金收益率 4% 是参考银行存款利率设定的假定值。

（二）主要城市房地产价格的变动与泡沫

根据数据的可得性，我们主要考察35个大中城市的房地产泡沫问题。表11－1和表11－2分别计算了2002—2009年和2010—2017年35个大中城市房价收入比。表11－1显示，2002年，呼和浩特、重庆、宁波和长沙等城市房价收入比较低，都小于6.0，北京和沈阳房价收入比较高，都超过了10.0，大连、哈尔滨、上海和南京也都大于9.0，而深圳只有6.3。表11－2显示，2017年，深圳房价收入比高达23.7，北京、上海和厦门房价收入比也都超过了15.0，分别为19.1、15.3和15.2，而沈阳、长春、哈尔滨房价收入比反而比2002年有所下降，分别只有6.0、6.2、6.0，大连也有所下降，只有7.3。2017年房价收入比较低的城市是呼和浩特、银川、长沙和乌鲁木齐，分别为3.1、4.4、4.5和4.9。从表11－1和表11－2对35个大中城市房价收入比进行简单平均，不难看出2007年、2009—2011年、2016—2017年是房价收入比明显上升的年份。相对全国而言，35个大中城市房价收入比上升幅度明显偏大，2017年35个大中城市房价收入比平均值已经高达8.5，而全国平均水平仅有6.5，即使35个大中城市中，也仍然有15个城市房价收入比低于全国6.5的平均水平。这说明中国房地产泡沫如果存在，也不是全国性的，而是主要限于部分大中城市，许多中小城市的房价收入比还是比较低的，房地产价格也仍然处于相对合理的区间。

表11－1　2002—2009年35个大中城市房价收入比

城市	2002年	2003年	2004年	2005年	2006年	2007年	2008年	2009年
北京	10.8	9.6	9.1	10.5	11.1	13.9	13.4	14.1
天津	7.8	7.0	7.7	9.5	9.8	10.2	8.6	9.3

（续表）

城市	2002 年	2003 年	2004 年	2005 年	2006 年	2007 年	2008 年	2009 年
石家庄	6.4	6.1	5.3	5.1	5.2	5.4	5.2	6.7
太原	7.7	8.0	7.5	8.3	8.1	7.8	7.4	8.6
呼和浩特	5.2	4.7	4.2	3.8	4.6	4.4	3.7	4.4
沈阳	11.1	10.4	9.6	9.0	8.2	7.3	6.8	6.8
大连	9.8	8.9	8.6	9.0	9.6	10.8	9.6	9.7
长春	8.9	7.5	7.1	6.8	6.4	7.3	6.7	7.5
哈尔滨	9.2	8.3	7.4	7.1	6.7	6.9	7.2	7.8
上海	9.1	10.1	10.4	10.8	10.2	10.5	9.1	12.9
南京	9.1	8.5	8.0	7.7	7.3	7.4	6.2	8.1
杭州	8.1	8.5	8.0	9.9	9.4	10.3	10.2	11.9
宁波	5.5	5.3	5.7	7.8	7.8	8.2	8.1	9.9
合肥	6.8	7.3	7.9	8.7	7.8	7.0	6.6	7.2
福州	6.4	6.5	6.5	7.1	8.4	8.8	8.3	9.5
厦门	6.6	7.1	7.8	8.7	10.7	12.4	11.2	10.3
南昌	7.0	8.0	8.3	7.3	8.1	7.9	6.7	6.6
济南	6.1	8.2	7.1	6.6	6.5	6.2	6.0	6.3
青岛	7.1	6.3	7.4	8.3	7.8	8.6	7.0	7.2
郑州	7.7	7.0	6.4	6.7	6.6	7.1	6.8	7.0
武汉	7.4	7.1	7.7	8.3	8.6	9.4	8.4	8.5
长沙	5.6	5.4	4.8	5.0	5.2	5.9	5.2	5.3
广州	8.7	8.0	7.7	8.3	9.3	11.3	10.4	9.8
深圳	6.3	6.7	6.9	7.3	8.3	11.9	14.4	14.5
南宁	7.3	7.1	7.8	7.1	7.3	7.6	7.5	8.1
海口	7.7	7.1	7.4	7.8	7.5	8.3	9.4	10.4
重庆	5.3	4.9	5.1	5.6	5.4	5.7	5.0	5.7
成都	5.9	5.9	6.4	7.6	8.2	8.5	8.5	7.8
贵阳	6.0	6.5	5.5	5.4	5.7	6.1	6.2	7.0

（续表）

城市	2002 年	2003 年	2004 年	2005 年	2006 年	2007 年	2008 年	2009 年
昆明	8.8	8.0	8.1	7.9	7.6	7.5	7.3	6.9
西安	8.1	7.4	8.4	8.4	8.5	7.6	7.4	5.9
兰州	6.8	7.1	8.1	8.2	8.0	8.5	7.9	8.2
西宁	5.8	6.3	6.0	6.2	6.2	6.5	7.1	6.5
银川	8.3	7.2	7.2	6.9	6.5	5.5	5.4	6.1
乌鲁木齐	6.3	6.2	6.0	6.0	5.8	6.7	7.4	7.5
平均值	7.4	7.3	7.2	7.6	7.7	8.2	7.8	8.3

表 11－2　2010—2017 年 35 个大中城市房价收入比

城市	2010 年	2011 年	2012 年	2013 年	2014 年	2015 年	2016 年	2017 年
北京	16.8	13.4	12.9	13.3	12.6	14.0	16.5	19.1
天津	9.8	9.5	8.1	7.7	7.5	7.8	9.2	10.7
石家庄	6.2	6.4	6.1	5.9	6.1	7.9	8.0	8.2
太原	12.3	9.7	8.5	8.3	8.3	7.9	7.6	8.2
呼和浩特	4.3	4.2	4.4	3.9	4.0	3.6	3.5	3.1
沈阳	7.5	7.2	6.8	6.3	5.5	5.7	5.7	6.0
大连	9.5	9.8	8.3	7.8	8.1	7.4	7.3	7.3
长春	8.5	8.7	6.9	6.9	6.4	6.6	6.2	6.2
哈尔滨	8.5	7.5	6.5	6.7	6.0	5.9	5.7	6.0
上海	13.5	11.2	10.4	11.1	10.3	12.5	15.2	15.3
南京	9.8	7.8	8.0	8.3	7.6	7.2	10.5	9.0
杭州	14.2	11.2	10.6	10.7	9.3	9.1	10.1	10.5
宁波	11.6	9.9	9.0	8.2	7.2	6.7	6.8	7.7
合肥	8.7	7.5	6.8	6.5	6.8	6.7	8.0	8.5
福州	10.4	11.0	10.9	9.4	9.3	9.7	10.5	10.8
厦门	11.9	12.0	10.3	10.6	11.9	11.8	14.5	15.2
南昌	7.1	7.7	7.5	7.6	6.4	6.5	6.6	6.6

（续表）

城市	2010 年	2011 年	2012 年	2013 年	2014 年	2015 年	2016 年	2017 年
济南	7.2	6.9	6.1	5.9	5.5	5.9	6.1	6.2
青岛	7.7	7.5	7.1	6.8	6.2	6.3	6.2	6.1
郑州	7.1	6.3	6.7	10.8	10.0	10.2	10.9	11.5
武汉	8.0	8.4	7.6	7.3	6.7	6.9	7.4	7.5
长沙	5.8	6.5	5.8	5.1	4.4	4.2	4.3	4.5
广州	10.4	9.5	9.5	10.0	10.3	9.0	9.9	10.4
深圳	17.6	17.3	14.0	15.7	14.8	19.0	24.9	23.7
南宁	8.4	7.5	7.7	7.4	6.8	6.4	6.5	6.6
海口	14.5	9.9	8.8	9.0	8.4	8.0	8.6	10.4
重庆	6.3	6.1	5.9	6.8	6.1	5.5	5.2	5.9
成都	8.4	8.0	7.4	6.7	6.0	5.9	6.2	6.3
贵阳	7.7	7.1	6.2	5.8	5.9	5.5	5.5	5.8
昆明	5.7	6.2	6.6	5.9	5.8	6.3	5.9	6.0
西安	5.9	6.7	6.2	5.8	6.0	5.6	5.4	5.9
兰州	8.7	8.0	8.8	8.0	7.6	6.7	6.3	6.9
西宁	6.8	6.5	7.3	6.8	6.8	5.9	5.9	6.4
银川	6.3	6.1	5.7	5.6	4.7	4.7	4.4	4.4
乌鲁木齐	8.9	9.2	8.6	8.5	6.3	5.8	5.3	4.9
平均值	9.2	8.5	7.9	7.9	7.5	7.6	8.2	8.5

数据来源：Wind 资讯和中华人民共和国国家统计局网站。

注：2017 年各城市城镇人均可支配收入以上半年城镇人均可支配收入名义增长率值乘以上年度相应城市城镇人均可支配收入而得；2017 年各城市商品住宅销售价格以上半年商品住宅销售额除以销售面积而得。

那么，购置房地产的租金收益率又有什么变化呢？表 11－3 描述了北京、上海、深圳和天津 4 个城市的住宅租金收益率的变化情况。从表 11－3 不难看出，假定 2001 年各城市的租金收益率都等于 4.40%，那么此后租金收益率都出现了明显的下降，2015 年北京、上海、深圳和天津租金收益率分别降至 1.25%、1.12%、1.46% 和 1.35%，4 个城市的租金收益率明显都低于同年全国 2.2% 的水平。其实，如果考虑到

2016 年和 2017 年上半年住宅价格相对租金明显上升的实际情况，4 个城市的租金收益率还会更低。以可以获得数据的北京为例，2016 年和 2017 上半年住宅租金收益率分别下滑至 0.94% 和 0.77% 。如此低的租金收益率表明，大城市住宅价格存在着较大泡沫成分，如果资产升值预期消失，必须伴有租金长期较大幅度的增长，否则就可能引发房地产价格向下的剧烈调整。

表 11－3　2001－2015 年四个主要城市住宅租金收益率的变化情况

单位:%

年份	北京	上海	深圳	天津
2001 年	4.40	4.40	4.40	4.40
2002 年	4.08	3.89	4.86	4.33
2003 年	4.10	3.15	5.05	4.47
2004 年	3.84	2.75	4.66	3.63
2005 年	2.86	2.35	4.14	2.84
2006 年	2.35	2.24	3.37	2.43
2007 年	1.69	1.92	2.35	2.00
2008 年	1.59	2.12	2.74	1.94
2009 年	1.46	1.50	2.42	1.69
2010 年	1.25	1.31	1.91	1.47
2011 年	1.44	1.38	1.82	1.40
2012 年	1.49	1.52	2.03	1.50
2013 年	1.45	1.30	1.78	1.41
2014 年	1.45	1.33	1.84	1.39
2015 年	1.25	1.12	1.46	1.35

数据来源：Wind 资讯、中华人民共和国国家统计局网站和各城市历年统计年鉴。

注：假设 2001 年 4 个城市租金收益率都等于由图 11－2 显示的全国平均的租金收益率 4.40% 。各城市的租金数据来自各城市居民分类消费价格指数中的住房租金项目。

（三）主要城市房地产泡沫的测度与比较

简单地观察房价收入比和租金收益率，可以使我们直观感受到各城市房地产价格的高与低，但这并不能告诉我们哪个地区房地产泡沫的严重程度。这是因为，尽管每个城市的房地产都具有某些本质的共同属性，即消费属性和资产属性，当采用房价收入比和租金收益率等指标静态地对其进行衡量时，各城市房地产的消费属性和资产属性带给人们的效用或收益也因具有这些共同属性而可以直接进行比较。但是当我们从问题的另一方面，即从房地产泡沫的膨胀程度及易于破灭这一角度来考察时，就因带有更多的前瞻性和动态性而不能直接使用房价收入比和租金收益率这两个静态指标，还必须参考其他经济社会甚至自然地理等因素，将其调整为动态的房价收入比和租金收益率，才可能得到更为可靠的比较结果。

我们首先来计算 35 个大中城市的动态房价收入比。动态房价收入比的计算首先需要预期房地产价格和人均可支配收入的变动情况。假定房地产价格可以在政府政策的调控下保持稳定，而未来 5 年后各城市的人均收入按照过去 5 年同样的速度增长，那么重新对房价收入比进行测算，就可以得到 35 个大中城市 2022 年的动态房价收入比，详见图 11 - 3。从图11 - 3可以看到，在上述假设下，2022 年深圳的动态房价收入比仍然达到 18. 3，厦门和北京的动态房价收入比则仍然超过 10. 0，其余城市都降到 10. 0 以下，有 25 个城市降到 6. 0 以下，部分城市的房地产泡沫将被近乎消解。

尽管如此，我们并不准备简单地采用国际惯用的 6. 0 的房价收入比上限来衡量各城市的泡沫情况，而是结合采用各城市最近 10 年即 2008—2017 年各城市的平均动态房价收入比作为均衡房价收入比，以此衡量2017年动态房价收入比的高低，并据此判断当前35个大中城市的房地产泡沫的相对大小，计算结果见表11－4。其中，第3列动态房价收入比是以5年后人均可支配收入对当前静态房价收入比进行折算而得，2013年以后的动态房价收入比是以预测的5年后的人均可支配收入来折算。第4列房价收入比偏差是2017年的动态房价收入比与最近10年各城市的动态房价收入比平均值的偏离差值，动态泡沫度则是以百分比形式衡量的2017年对10年平均值的偏离度。

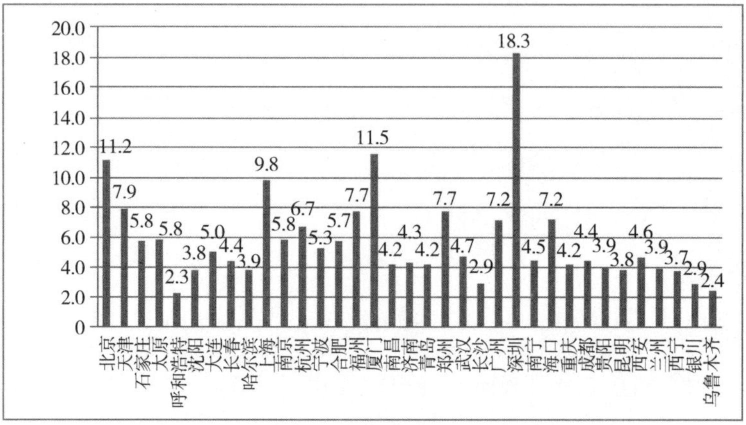

11－3　房价稳定假设下的35个大中城市的动态房价收入比（2022年）

数据来源：Wind资讯、中华人民共和国国家统计局网站和各城市历年统计年鉴。

表11－4　35个大中城市动态房价收入比衡量的泡沫度

类别	城市	动态房价收入比均值/比率	房价收入比偏差/比率	动态泡沫度/%
一线城市	北京	7.9	2.4	27.7
	上海	7.0	2.5	34.2
	广州	6.1	0.6	8.6
	深圳	10.3	6.7	58.4

（续表）

类别	城市	动态房价收入比均值/比率	房价收入比偏差/比率	动态泡沫度/%
二线城市	天津	5.5	2.1	36.6
	石家庄	3.9	1.6	37.6
	太原	5.4	0.1	1.0
	呼和浩特	2.4	-0.3	-12.2
	沈阳	4.2	-0.3	-6.2
	大连	5.4	-0.6	-10.5
	长春	4.5	-0.3	-6.3
	哈尔滨	4.2	-0.3	-7.5
	南京	4.7	0.8	15.5
	杭州	6.1	0.0	-0.1
	宁波	4.9	-0.2	-4.1
	合肥	4.3	1.3	29.7
	福州	5.8	1.1	17.2
	厦门	7.0	3.7	47.0
	南昌	4.2	-0.1	-1.9
	济南	3.9	0.2	5.0
	青岛	4.3	-0.3	-6.8
	郑州	5.6	1.4	21.2
	武汉	4.5	0.1	1.4
	长沙	3.0	-0.2	-7.5
	重庆	3.7	0.1	2.7
	成都	4.4	-0.3	-5.8
	西安	4.1	0.5	11.1
	兰州	4.4	-0.5	-10.8

（续表）

类别	城市	动态房价收入比均值/比率	房价收入比偏差/比率	动态泡沫度/%
三线城市	南宁	4.6	-0.3	-5.4
	海口	5.6	1.2	19.9
	贵阳	3.8	-0.1	-2.8
	昆明	3.9	0.1	3.9
	西宁	3.9	-0.2	-6.1
	银川	3.5	-0.5	-15.7
	乌鲁木齐	3.8	-1.3	-34.9

数据来源：Wind资讯、中华人民共和国国家统计局网站和各城市历年统计年鉴。

根据测算结果，一线城市的房地产动态泡沫程度普遍偏高，特别是深圳达到了58.4%，广州相对较低，只有8.6%。二线城市中的厦门、石家庄和天津这3个城市泡沫严重程度偏高，都超过了30%，甚至高过北京和上海。房地产价格绝对水平仅仅排在深圳之后的北京和上海，动态房价收入比之所以比厦门、石家庄和天津等城市低，主要是由于北京和上海房价收入比在过去10年维持在相对高价，而厦门、石家庄和天津的房价收入比只在2016年和2017年出现显著提升，此前年份则维持在相对低位，导致房价收入比对平均值的偏离度上升，房地产泡沫的严重程度也相对处于高位。

三、房地产泡沫的形成机制

我们主要采用了动态房价收入比来衡量房地产泡沫的严重程度。根据图11-3，从动态房价收入比的绝对水平来看，如果各城市房地产价格能够稳定而人均收入保持预期增长，那么5年后许多城市的房地产泡沫将被消解。从时期波动来看，我们认为动态房价收入比过度偏离长期均衡值的城市，房地产泡沫也更为严重和易于破灭。尽管如此，深入分析房地产泡沫形成的机制，对于房地产泡沫形成的原因及判断房地产泡沫的危险程度仍是十分重要的，这些因素的存在可能使房地产泡沫程度较高的城市，更有能力和可能避免房地产泡沫的破灭及由此带来的不利影响。

1. **人口、住宅供给与房价收入比**

人口因素是影响房地产市场的重要因素，人口增长较快的地区房地产市场的需求通常也较旺盛，并对房地产价格产生正向推动作用。当我们用35个大中城市2010—2016年常住人口增加额去除同时期商品住宅累计成交面积时发现，深圳这一比率只有24.6，其次是北京、合肥、天津和广州等城市，分别为39.5、40.6、44.0和65.9，这一比率较低，在一定程度上表明相对快速增加的城市人口住宅供给的稀缺性，从而房价倾向于上升。上海这一比率略高，为108，在35个城市中排在第14位，但上海对周边城市的人口吸纳能力强，如果考虑到这部分人在上海的住宅需求，这一比率势必会明显下降。我们再来观察人口存量和商品住宅供给的关系，即用2016年底的常住人口总额去除2010—2016年商品住宅累计成交面积，同样发现深圳和上海这一比率最低，分别只有3.2和3.8，即相对于存量人口，这些城市的住宅供给也仍然偏少。住宅供给相对存量人口和增量人口的不足，对这些城市的房价上涨起到了明显的推动作用，并提高了这些城市的房价收入比。不过，由于商品住宅成交数据一方面反映供给，另一方面也反映需求，同时考虑到住宅销售成交数据还受城市周边经济活动人口和全国性投资性人口住宅需求的影响，简单观察以上两个比率并不能对某些城市的住宅需求和供给状况得出确定性的结论。

2. 城市规模、价格级差与房价收入比

城市规模上升到一定程度，通常会带来通勤压力，房地产价格的级差效应将更加明显，倾向于抬高一个城市的房地产价格及与其相连的房价收入比。2016 年全国城镇化常住人口超过 1000 万人的城市有 7 个，分别是上海、重庆、北京、天津、广州、深圳和成都。2017 年除了重庆和成都房价收入比分别只有 8.8 和 9.5 外，其余 5 个城市房价收入比最低的也达到 14.5，即广州，35 个大中城市中的其他城市，只有厦门、海口和杭州房价收入比超过了广州，其他则都明显低于广州。这在一定程度上表明城市规模特别是中心城市的城市规模对房地产结构乃至房价收入比都有比较显著的影响。

3. 人均收入、储蓄能力与房价收入比

人均收入水平增加对房地产价格无疑具有直接的影响，但这种影响并不必然表现在房价收入比的下降方面，反而可能会伴随着房价收入比的上升。这是因为，人均收入水平较高会导致居民的边际消费倾向降低而使边际储蓄倾向增加，居民购买住房进行消费或投资的能力将显著增强，从而可能推高房价收入比。2015 年，北京、广州、上海、深圳和杭州的以常住人口计算的人均城乡储蓄额在 35 个城市中最高，分别达到 11.0 万元、10.1 万元、9.7 万元、8.5 万元和 8.3 万元，而这几个城市也是房价收入比较高的城市，广州收入房价比最低但也达到 14.5。其中上海、北京、杭州和广州也是 35 个大中城市中城镇人均可支配收入最高的城市，深圳也排在宁波和南京之后，位居第 7 位。

综合以上分析，在城镇化进程仍然没有彻底完成时，收入水平的提高、人口的涌入和城市规模的扩张，都可能成为推动房地产价格甚至房价收入比上升的因素。而那些一线城市和部分二线城市，在这几方面都比其他城市更具典型性，其房地产价格甚至房价收入比相对处于高位并不直接等同于房地产泡沫更加严重和易于破灭。房价收入比处于高位、收入水平提高缓慢、人口增长和城市扩张停滞的城市，也可能是房地产泡沫更为严重的地区。从这些角度来讲，北京和上海等一线城市的房地产泡沫并不一定比天津、合肥、厦门、海口和石家庄等城市更容易破灭。不过，由于一线城市的房地产规模庞大，绝对价格水平偏高，房地产泡沫一旦破灭所带来的冲击仍然将比其他城市更为严重。

四、房地产泡沫破灭的条件

我们计算的动态房价收入比是以未来 5 年房地产价格保持稳定和人均收入维持较高增长为前提的，考虑到新增住宅与存量住宅存在着级差效应，在新增住宅价格稳定的情况下，存量住宅的价格仍然可能出现一定程度的上涨，因此即使在上述前提下，动态房价收入比也是可能被低估了的。但不管怎样，许多大中城市存在着较严重的房地产泡沫已是不争的事实，哪怕以动态房价收入比来衡量也是如此。房地产泡沫既然存在，也就可能会破灭，而房地产泡沫的破灭所带来的影响不仅仅是房地产价格的崩溃，更是信心和预期的崩溃，最终可能对中国造成若干年的经济萧条，并严重影响中国经济社会发展的进程。

那么，在什么情况下房地产泡沫会破灭呢？中国有没有办法避免房地产泡沫的破灭而促使房地产市场软着陆呢？如果不能，房地产泡沫一旦破灭又会对中国经济社会带来哪些可能的影响呢？这些问题对房地产市场的有关参与方都带来较大的困扰，各种争论也甚嚣尘上。我们试图对此进行梳理和分析。

1. 人口涌入减少或停止

城市人口增加带来的刚性需求是维持房地产需求的根本因素，而投资性或投机性的房地产需求则是派生需求。当一个城市人口不再增加甚至减少时，存量房或者更新的存量房就足以维持充足的房地产供给，城市规模扩张带来的价差效应也会消失，房地产价格丧失继续上升的基本支撑，价格预期将悄然发生改变，房地产泡沫破灭将成为可能。

2. 房地产购买能力趋于弱化

即使在一个人口逐渐增加的城市，一旦房地产价格相对居民收入水平过高，将可能对住房刚性需求产生抑制，而购房投资或投机的预期收益也会下降而风险却在增加，房地产需求的增长疲态也会尽显。在这种情况下，人们对房地产价格发生逆转的担忧不断累积，投资者和投机者随时准备在高位卖房套现，即使少部分具有购买住房能力的居民其观望态度也越来越浓，此时对房地产市场的信心可能并没有破灭，但是却在不断减弱。

3. 货币供给量明显下降

房地产市场对货币供给非常敏感，正常时期货币供给增加会对整体物价水平都产生推动作用，但是在实体经济不景气、房地产价格处于上行阶段时，增加的货币供给往往更多地流向房地产市场，对房地产价格产生明显的推动作用。一旦政策制定者认识到房地产价格过度上涨对中国经济长期发展所带来的危害，就有可能降低货币供给量，这将对房地产价格的上涨产生抑制作用。在房地产价格已经处于高位、房地产泡沫非常严重时，货币政策的收紧将对房地产市场产生直接的打压作用，并可能成为泡沫破灭的导火索。

4. 房地产购买或持有成本的上升

利率和房地产税费是影响房地产购买或持有成本的重要因素，而购买或持有成本的上升直接对降低投资者的收益率有影响，特别在房地产价格出现向下趋势时，过高的购买或持有成本更不能为投资所容忍，就会出现拒购或抛售的情况，短期内使房地产市场供需关系发生逆转，并使房地产价格在短期内出现向下剧烈调整，从而可能导致房地产泡沫的破灭。

对照房地产破灭的条件，根据房地产泡沫的静态或动态变化情况，中国当前房地产泡沫大面积破灭的条件仍然并不具备，但从趋势来看，房地产泡沫破灭的条件却是越来越成熟。这意味着当前情形下，并不存在房地产泡沫的风险，但是如果没有什么明显改变，中国房地产泡沫最终将走向破灭，这个时间可能在 5 ～ 10 年。

五、房地产泡沫破灭的可能性及影响

那么，如果房地产泡沫破灭，会对经济产生哪些方面的影响呢？影响机制又有哪些呢？对这一问题的回答，既不能太过于理论，也不能太偏于经验，这是因为任何一个国家都有自己特定的国情在，甚至同一个国家，不同时期不同阶段房地产泡沫的破灭方式和传导机制也都大相径庭。具体到中国，假如城镇化阶段进入后期，在没有特别显著的政策或体制变化下，房地产泡沫一旦快速破灭会产生哪些影响呢？我们试图在梳理房地产泡沫破灭对社会经济的影响机制的基础上，结合中国的实际情况对这一问题进行概括性的描述。

房地产泡沫的快速破灭，突出地表现在房地产价格的迅速下滑上，即在比较短的时期内，价格出现至少 30% ～ 50% 的降幅，这一降幅要超过房地产按揭贷款的首付比例。由于中国房地产抵押债务衍生品较少，房地产价格剧烈变动对金融秩序的影响程度主要在于个人住房贷款和房地产开发企业债务的偿还情况，这也是决定泡沫是否破裂及是否可能产生恶性影响的主要因素。

1. **关于个人住房贷款的违约问题**

在中国，个人购房通常需要支付较高比例的首付款，这一比例大约在20%～40%，这一比例成为银行发放个人住房抵押贷款的一个安全阀，在市场房价下行至低于购房价格但不低于首付比例时，能够有效避免购房者的贷款拒付问题。不过，不同的购房者的行为也是有所差别的，刚需购房者在总房价低于剩余贷款额的一定区间内，一般也不会拒绝偿还住房抵押贷款。但是，投资者或者投机者却完全不同，如果他们观察到总房价已经低于剩余贷款额，并且预期房价一定时期内无法回升，那么这部分购房贷款者完全有可能放弃抵押权而拒绝偿付贷款。2016年底，个人住房贷款为主要部分的住户中长期消费贷款余额为201159.4亿元，占银行贷款余额的比重已经上升到18.87%，比上年底猛增3.1个百分点，新增总额达到52647.2亿元，如果投资或者投机性购房贷款占新增总额的1/3，那么就有17549.1亿元。不过，2016年全国房价上涨迅猛，绝大部分大中型城市同等地段同样质量的房屋价格上涨都超过50%，如果房屋价格下跌30%左右，那么2016年上半年成交的房屋总价款将仍能维持在购房成交价款之上，只有2016年下半年成交的房屋，总价款将可能低于购房总价款，从而贷款违约才可能出现。而同期投资或者投机性购房贷款的总额约为9428.7亿元，只占2016年底银行贷款余额的0.9%，再加上银行还完全可以通过抵押房产处置回收大部分资金，因此个人住房贷款违约所带来的金融风险还是完全在可控范围之内的。

那么，个人住房贷款违约的风险在什么情况下才会突显呢？有两种情况风险最大。一种情况是，房价连续若干年在高位徘徊，在此期间房屋成交量不断累积，然后房价再突然出现30%以上的剧烈振幅，将会有大量的投资性和投机性购房者被套，拒绝偿贷者将会猛增，从而对金融系统产生巨大冲击。另一种情况是，房价像2016年那样迅速上涨，然后出现50%左右的降幅。例如，如果当前房价下降幅度超过50%，完全回吐2016年的涨幅甚至更低，2016年所有投资者和投机者都将被套，而且由于总房价款低于购房价款太多，刚需购房者中也将有相当部分人拒绝偿还贷款，那么银行资金将有约50000亿元的不良贷款，占银行贷款余额的4%以上，抵押房产也由于市场不景气而难以被处理或者以过低价格被处理，银行贷款损失估计仍将达到贷款余额的2%。

通过以上分析，当前或未来若干年两种高风险的情形都难以出现。这是因为，全国除了北京、上海和深圳等少数城市外，很多城市都在2009年以后经历了若干年的房价平稳时期，同时城镇化仍在推进，人均收入水平不断提高，无论是房价连续多年徘徊再突然下降30%以上的情形，还是房价迅猛上升再突然下降50%以上的情形，都基本不可能出现的。只有房价迅猛上升再逐渐回调30%左右的情形才可能出现，而在这一情形下，个人住房贷款偿还违约的风险对于银行而言还是很小的，即使是投资者和投机者，由于很多人还对未来房价怀有上涨预期，即使总房价略低于购房价款，也不会选择违约拒绝偿还贷款而严重损害个人信用，考虑到这一因素，银行个人住房贷款面临的风险会更小。

2. 关于房地产开发企业的违约问题

房地产价格及成交量的大幅下跌对房地产开发企业的冲击是很大的，特别是成交量的萎缩更是致命的。在某一时期，资金流的重要性甚至要超过营业利润，因为一旦资金链崩溃，房地产企业就只会面临破产倒闭或者被收购的命运，而一定时期内虽然没有营业利润，只要能够活下来，总会有翻盘的机会在。当房地产市场由于价格的大幅下跌而接近崩溃时，成交量极度萎缩是难以避免的。房地产开发企业的资产负债率通常是很高的，一般在 70% ~ 90%，当房地产价格下跌 30% 左右，除非土地成本较低，否则正常情况下营业利润将会消失。若跌幅更大，则会陷入亏损。由于房地产企业的资产大部分是土地和房屋，房价的下跌将使大部分企业资产负债率逼近甚至超过 100%，资不抵债的企业也将越来越多，除非企业有现金流可以支撑并且很快能够迎来市场转机，否则破产倒闭的企业将会剧增。房地产开发企业的负债是怎么来的呢？2016 年，房地产开发企业本年资金来源为 144214 亿元，其中以购房者预交首付款和按揭贷款为主的其他来源项资金达到 73428 亿元，占比超过 40%，自筹资金 49132 亿元，如果减去当年约 15000 亿元的所有者权益项，仍有超过 34000 亿元的资金来源于其他形式的借款，加上国内贷款 21512 亿元，本年债务资金超过 55000 亿元，除去其中部分合作投资资金外，剩余部分债务成为当年房地产开发企业资产负债表中负债增加的主要构成部分。由此可见，银行贷款和其他形式的债务融资是房地产开发企业的主要债务，而在 2015 年底，房地产开发企业的总负债已经达到 428729.9 亿元，如果房地产开发企业大量倒闭，那么银行及其他债权人无疑要承受巨额的损失。房价下跌 30% 左右，企业的资产仍将能够覆盖大量的债务，银行等债权人通过资产处置仍能收回绝大部分资金，但是房价如果下跌 50% 以上，那么债权人将不得不承受相当比重的债务清算损失。

应该说，房地产开发企业出现破产倒闭或者以此形式讨债的可能性还是非常大的。当房地产市场连续徘徊并突然出现价格下跌，房地产开发企业在并没有得到任何土地升值收益的情况下还要蒙受销售亏损，更可怕的是，买涨不买跌的心理也会使房屋成交量大幅下滑，加之库存成本高企，1 年的库存所带来的利息损失大概都将近 10%，大量的项目型房地产企业势必会选择破产倒闭。相反，如果房价只是在经历大幅上涨后的突然回调，那么30%左右甚至更高些的降幅，对房地产开发企业的影响是比较小的。这一方面是由于前期房地产库存收益很高，另一方面是因为前期火热的市场导致企业资金流充裕。总之，相比于购房者而言，房地产开发企业受到房地产市场突然趋势性地逆转的影响较大，更容易发生债务拒偿问题，而且拒偿规模和负面影响也会更大。

当房地产泡沫破裂开始时，一部分以按揭贷款方式购买房地产的持有者将陆续出现拒绝偿还借款，银行坏账率开始攀升。在房地产价格短期出现较大幅度的下滑时，新建商品房市场成交清淡，房地产开发商资金链开始断裂，一方面不能及时偿还银行贷款或者其他来源的借款，另一方面无法继续已经开工的房屋建设，拖欠工程款和工资越来越严重，建筑工人也出现大面积失业。与此同时，与房地产行业关联密切的建材、机械、家电、装修等行业营业收入开始受到影响，这些行业的供应商的收入也受到影响，同时就业人员的收入开始减少或出现失业。不仅如此，其他行业的企业房地产抵押借款由于抵押物价值下降，银行开始收回部分贷款，部分企业则拒绝偿还借款，银行坏账率进一步上升。受到重创的银行开始持续收紧贷款，社会各种形式的融资坏账率飙升，融资风险剧增，受到重创的资金融出者也逐渐减少对外贷款，整个社会信用急剧收缩，消费者和经营者的信心接近崩溃，国内商品因财富效应的负向影响而低迷不振，经济活动趋于紊乱和沉寂，资本外逃，人民币趋于贬值，进口商品物价上涨，但总物价由于消费不振而可能步入紧缩通道，经济逐渐由衰退进入大萧条阶段。房地产泡沫破灭所带来的破坏程度，主要取决于房地产债务的偿还情况和房地产投资的萎缩情况，前者从金融渠道，后者从产业链条渠道，将对社会经济予以重创。

参考文献

[1] 安鹏，蔡明超，高国华. 中国房地产泡沫的测度与成因解析——以上海市为例. 统计与决策，2008（20）.

[2] 安勇，王拉娣. 房地产财富效应的城市差异——以中国35个大中城市为例. 城市问题，2016（2）.

[3] 奥利维尔·布兰查德，斯坦利·费希尔. 宏观经济学（高级教程）. 刘树成，沈利生，等，译. 北京：经济科学出版社，1998.

[4] 曹建海. 房地产业基本不创造国民财富. 中国经济时报，2006.

[5] 陈炳才. 用结构性货币政策应对和治理通货膨胀. 经济学动态，2010（6）.

[6] 陈健，陈杰，高波. 信贷约束，房价与居民消费率——基于面板门槛模型的研究. 金融研究，2012（4）.

[7] 陈淑云，付振奇. 城市化、房地产投资与经济增长的关系分析——以湖北省1990—2009年时间序列数据为例. 经济体制改革，2012（2）.

[8] 陈彦斌，邱哲圣. 高房价如何影响居民储蓄率和财产不平等. 经济研究，2011（10）.

[9] 程武林. 房地产价格波动对中国物价的影响——基于投入产出价格影响模型. 统计教育，2010（5）.

[10] 崔光灿. 资产价格，金融加速器与经济稳定. 世界经济，2006（11）.

[11] 邓永亮. “热钱”对我国资产价格影响的实证研究. 当代经济科学，2010（7）.

［12］段忠东．房地产价格与通货膨胀、产出的非线性关系——基于门限模型的实证研究．金融研究，2012（8）．

［13］段忠东．房地产价格与通货膨胀、产出的关系——理论分析与基于中国数据的实证检验．数量经济技术经济研究，2007（12）．

［14］何俊芳，董超，孙丹．房地产价格波动影响研究——基于投入产出分析．价格理论与实践，2008（8）．

［15］何孝星，陈颖，孙涛．资产价格上涨阶段的利率政策规则研究．财政研究，2016（3）．

［16］黄静，屠梅曾．房地产财富与消费：来自于家庭微观调查数据的证据．管理世界，2009（7）．

［17］黄群慧．中国城市化与工业化的协调发展问题分析．学习与探索，2006（2）．

［18］黄树青，王婷婷．我国房地产价格与通货膨胀的关联关系及其影响因素．财经理论与实践，2012（11）．

［19］黄晓玲．发展中国家对外贸易与工业化关系探析．对外经济贸易大学学报，2002（1）．

［20］黄赜琳．中国经济周期特征与财政政策效应——一个基于三部门 RBC 模型的实证分析．经济研究，2005（6）．

［21］黄志刚．货币政策与贸易不平衡的调整．经济研究，2011（3）．

［22］黄忠华，吴次芳，杜雪君．房地产投资与经济增长——全国及区域层面的面板数据分析．财贸经济，2008（8）．

［23］况伟大．房地产投资、房地产信贷与中国经济增长．经济理论与经济管理，2011（1）．

［24］况伟大．房价变动与中国城市居民消费．世界经济，2011（10）．

［25］李金，何雄浪．我国房地产泡沫的实证研究．中南民族大学

学报（人文社会科学版），2010（6）.

［26］李松华．基于DSGE模型的信贷、货币供应量传导研究．工业技术经济，2012（11）.

［27］李涛，陈斌开．家庭固定资产、财富效应与居民消费：来自中国城镇家庭的经验证据．经济研究，2014（3）.

［28］李向前，谭小芬，郭强．我国房地产价格对消费的影响——基于理论与实证的考察．天津财经大学学报，2012（2）.

［29］李玉山，李晓嘉．对我国居民消费的财富效应计量分析．山西财经大学学报，2006（2）.

［30］李泽明，刘依依，张乾瑾．我国房地产泡沫的实证分析．统计与决策，2012（14）.

［31］梁云芳，高铁梅，贺书平．房地产市场与国民经济协调发展的实证分析．中国社会科学，2006.

［32］刘洪玉，张红．房地产业与社会经济．北京：清华大学出版社，2006.

［33］刘建江，杨玉娟，袁冬梅．从消费函数理论看房地产财富效应的作用机制．消费经济，2005（2）.

［34］刘澜飚，尹海晨，张靖佳．中国结构性货币政策信号渠道的有效性研究．现代财经，2017（3）.

［35］刘民权，孙波．商业地价形成机制、房地产泡沫及其治理．金融研究，2009（10）.

［36］刘鹏．通货膨胀、资产价格波动与货币激活效应．财经科学，2014（6）.

［37］刘伟，苏剑．"新常态"下的中国宏观调控．经济科学，2014（4）.

［38］刘晓欣，贾庆英．房地产价格变动对物价的影响——国际比

较及启示. 天津财经大学学报，2014（8）.

［39］刘旭东，彭徽. 房地产价格波动对城镇居民消费的经济效应. 东北大学学报（社会科学版），2016（2）.

［40］刘一楠. 信贷约束，房地产抵押与金融加速器——一个DSGE分析框架. 财经科学，2017（2）.

［41］刘治松. 我国房地产泡沫及泡沫测度的几个理论问题. 经济纵横，2003（10）.

［42］卢岚，邓雄. 结构性货币政策工具的国际比较和启示. 世界经济研究，2015（6）.

［43］陆菊春，贾自武，田洪芬. 房地产投资对经济增长效应及区域性差异的研究. 武汉理工大学学报（信息与管理工程版），2008（6）.

［44］吕风勇. 偏好冲击、资本积累与中国产出波动. 中央财经大学学报，2015（10）.

［45］吕江林. 我国城市住房市场泡沫水平的度量. 经济研究，2010（6）.

［46］吕铮，高明. 重庆市房地产市场泡沫测度研究. 西南师范大学学报（自然科学版），2012（5）.

［47］毛泽盛，罗良红. 资产价格变动是否会引起通货膨胀——基于VECM模型的实证研究. 国际商务（对外经济贸易大学学报），2014（12）.

［48］倪鹏飞. 中国住房发展报告（2014—2015）. 北京：社会科学文献出版社，2014.

［49］乔木子，臧云特. 经济转型下资产价格财富效应差异与居民消费行为研究. 学习与探索，2017（2）.

［50］沈悦，刘洪玉. 中国房地产开发投资与GDP的互动关系. 清华大学学报（自然科学版），2004（9）.

[51] 史明瑛，宁建华. 安徽省及合肥市房地产泡沫的实证研究. 预测，2009（4）.

[52] 宋勃. 房地产市场财富效应的理论分析和中国经验的实证检验：1998—2006. 经济科学，2007（5）.

[53] 谭本艳. 对外贸易影响我国资本形成的效应与地区差异——基于系统广义矩估计的动态面板数据分析. 国际经贸探索，2008（2）.

[54] 谭政勋，王聪. 中国信贷扩张，房价波动的金融稳定效应研究——动态随机一般均衡模型视角. 金融研究，2009（2）.

[55] 汪同三，蔡跃洲. 改革开放以来收入分配对资本积累及投资结构的影响. 中国社会科学，2006（1）.

[56] 王维安，贺聪. 房地产价格与通货膨胀预期. 财经研究，2005（12）.

[57] 王维安，贺聪. 房地产业发展与经济增长、金融风险. 浙江经济，2004（20）.

[58] 王小鲁，樊纲. 中国经济增长的可持续性——跨世纪的回顾与展望. 北京：经济科学出版社，2000.

[59] 熊晓琳. 对外贸易与工业化进程关系的实证研究. 湖北社会科学，2008（11）.

[60] 王艺，李娜. 房产财富对家庭消费影响异质性研究——基于中国 3122 户城镇家庭的证据. 商业时代，2016（17）.

[61] 王益君. 资产价格波动的通货膨胀预期效应——基于房地产市场的实证分析. 财经理论与实践，2016（1）.

[62] 王永钦，包特. 异质交易者、房地产泡沫与房地产政策. 世界经济，2011（11）.

[63] 王子龙，许箫迪，徐浩然. 中国房地产财富效应测度的实证

研究. 财贸研究，2009（2）.

［64］肖争艳，彭博. 住房价格与中国货币政策规则. 统计研究，2011（11）.

［65］修丽娜，刘湘南，黄凌翔. 房地产泡沫实证分析——以天津市为例. 城市发展研究，2009（7）.

［66］颜色，朱国钟. “房奴效应”还是“财富效应”？——房价上涨对国民消费影响的一个理论分析. 管理世界，2013（3）.

［67］杨赞，张欢，陈杰. 再购房潜在动机如何影响住房的财富效应？——基于城镇住户大样本调查数据的微观层面分析. 财经研究，2014（7）.

［68］杨祚，胡跃岷. 我国房地产价格与物价总水平关联性的实证分析——来自MS－VAR模型的经验证据. 价格理论与实践，2013（9）.

［69］尹希果，杨倩. 房地产去库存化对中国宏观经济的影响——基于金融加速器的数值模拟分析. 经济问题，2009（8）.

［70］余振，顾浩，吴莹. 结构性货币政策工具的作用机理与实施效果——以中国央行PSL操作为例. 世界经济研究，2016（3）.

［71］喻旭兰，李峰. 房地产价格与通货膨胀互动机制的实证研究. 价格理论与实践，2010（1）.

［72］张大永，曹红. 家庭财富与消费：基于微观调查数据的分析. 经济研究，2012（1）.

［73］张军. 增长、资本形成与技术选择：解释中国经济增长下降的长期因素. 经济学（季刊），2002（1）.

［74］张清勇，郑环环. 中国住宅投资引领经济增长吗？经济研究，2012（2）.

［75］张涛，龚六堂，卜永祥. 资产回报、住房按揭贷款与房地产

均衡价格. 金融研究，2006（2）.

［76］张伟进，方振瑞. 金融冲击与中国经济波动. 南开经济研究，2013（5）.

［77］赵进文，高辉. 资产价格波动对中国货币政策的影响. 中国社会科学，2009（2）.

［78］赵天奕，刘圣. 房地产价格，财富效应与城镇居民消费——基于STR模型的实证分析. 金融发展研究，2016（2）.

［79］赵宇，王轶君. 房地产价格对通货膨胀预期具有指示性作用吗？——来自中国1996—2010年的经验证据. 经济问题，2011（1）.

［80］赵志耘，杨朝峰. 中国全要素生产率的测算与解释. 财经问题研究，2011（9）.

［81］中国社会科学院经济增长前沿课题组. 经济增长、结构调整的累积效应与资本形成——当前经济增长态势分析. 经济研究，2003（8）.

［82］周守亮，赵彦志. 房地产财富效应的地区差异研究——基于面板数据的协整估计. 经济管理，2015（9）.

［83］邹琳华，柯翠. 中国房地产市场的金融加速器效应分析. 现代管理科学，2009（2）.

［84］ABREU D，M K BRUNNERMEIER. Bubbles and Crashes. Econometrica，2003，71（1）：173－204.

［85］ALLEN F，G GORTON. Churning Bubbles. Review of Economic Studies，1993，60（4）：813－836.

［86］ALLEN F，S MORRIS，H SONG SHIN. Beauty Contests and Iterated Expectation in Asset Markets. Review of Financial Studies，2006，19（3）：719－752.

［87］ALESSI L，C DETKEN. Quasi Real Time early Warning Indicators for Costly Asset Price Boom/Bust Cycles: A Role for Global Liquidity. European Journal of Political Economy. 2001, 27 (3): 520 – 533.

[88] ALPANDA S, K KOTZE, G WOLGLOM. The Role of the Exchange Rate in a New Keynesian DSGE Model for the South Afircan Economy. South Afircan Journal of Economics, 2010, 78 (2): 170 – 191.

[89] ANDO, A, F MODIGLIANI. The "Life Cycle" Hypothesis of Saving: Aggregate Implications and Tests. American Economic Review, 1963, 53 (1): 55 – 84.

[90] AOKI, K, J PROUDMAN, G W VLIEGHE. Houses as Collateral: Has the Link between House Prices and Consumption in the U. K. Changed? . Economic Policy Review, 2002, 8 (5) : 163 – 177.

[91] ATTANASIO O P, L BLOW, R HAMILTON, A LEICESTER. Boomsand Busts: Consumption, House Prices and Expectations. Economics, 2009, 76 (301) : 20 – 50.

[92] BAJARI P, P CHAN, D KRUEGER, D MILLER. A Dynamic Model of Housing Demand: Estimation and Policy Implications. Discussion Paper [Centre for Economic Policy Research (Great Britain)], 2010, No. 7911.

[93] BARSKY R, E BOEHM, C HOUSE, M KIMBALL. Monetary Policy and Durable Goods. Meeting Papers, 2016.

[94] BERNANKE B S, M GERTLER, S GILCHRIST. The Financial Accelerator and the Flight to Quality. The Review of Economics and Statistics, 1996, 78 (1) : 1 – 15.

[95] BERNANKE B S, I MIHOV. The Liquidity Effect and Long – run Neutrality. NBER Working Paper, 1998 No. 6608.

[96] BERNANKE B S, M GERTLER. Should Central Banks Respond to Movement in Asset Prices. American Economic Review, 2001 (5): 253 -259.

[97] BERNANKE B S, M GERTLER. Inside the Black Box: The Credit Channel of Monetary Policy Transmission. Journal of Economic Perspectives, 1995, 9 (4) : 27 -48.

[98] BERNANKE B S, M GERTLER, M S GILCHRIST. The Financial Accelerator in a Quantitative Business Cycle Frame Work//J B TAYLOR, M WOODFORD. In Handbook of Macroeconomics. Amsterdam: North - Holland,1999, 1 (21): 1341 -1393.

[99] BERNANKE B S, M GERTLER. Agency Cost, Net Worth, and Business Fluctuations. American Economic Review, 1989, 79 (1): 321 -350.

[100] BRUCE D, D EAKIN. Fundmental Tax Reform and Residential Housing. Journal of Housing Economics, 1999, 8 (4): 249 -271.

[101] BEUNNERMEIER M K, C JULLIARD. Money Illusion and Housing Frenzies. Review of Financial Studies, 2008, 21 (1) : 135 -180.

[102] BURNS L, L GREBLER. The Housing of Nations: Advice and Policy in a Comparative Framework. London: Macmillan, 1977.

[103] CALZA, A, T, MONACELLI, L STRAOCCA. Housing Finance and Monetary Policy. ECB Working Paper, 2009 No. 1069.

[104] CAMPBELL J, J GOECO. How Do House Prices Affect Consumption? Evidence from Micro Data. Journal of Monetary Economics, 2007, 54 (3) : 591 -621.

[105] CASE K E, J M QUIGLEY, R J SHILLER. Comparing Wealth

Effects : The Stock Market Versus the Housing Market. Yale University, Cowles Foundation Paper. 2005 No. 1181.

[106] CHEN Q M, FUNKE, M PAETZ. Market and Non – Market Monetary Policy Tools in a Calibrated DSGE Model for Mainland China. BOFIT Discussion Papers, Bank of Finland, Institute for Economies in Transition, 2012 (16) .

[107] CORIC B, G PUGH. Foreign Direct Investment and Output Growth Volatility: A Worldwide Analysis. International Review of Economics & Finance, 2013, 25 (25) : 260 – 271.

[108] COULSON N E, M S KIM. Residential Investment, Non-residential Investment and GDP. Real Estate Economics, 2000, 28 (2): 233 – 247.

[109] DEATON A. Understanding Consumption. Oxford University Press, USA , 1992.

[110] DENG LONG B, A SHLEIFER, L SUMMERS, R WALDMAN. Positive Feedback Investment Strategies and Destablizing Rational Speculation. Journal of Finance, 1990, 45 (2) : 379 – 395.

[111] DOKKO J, B DOYLE, M T KILEY, J KIM, S SHERLUND. Monetary Policy and the Housing Bubble. Finance & Economics Discussion, 2009, 46 (3) : 437 – 451.

[112] Engelhard G. V. , (1996) House Price Home Owner Saving Behavior. Regional Science & Urban Economics, 1995, 26 (3 – 4) : 313 – 336.

[113] EECEG C, A LEVIN. Optimal Monetary Policy with Durable Consumption Goods. Journal of Monetary Economics, 2006, 53 (7) : 1341 – 1359.

[114] FREEDMAN C. Global Effects of Fiscal Stimulus During the Cri-

sis. Journal of Monetary Economics, 2010, 57 (5): 506 - 526.

[115] FRIEDMAN M. A Theory of the Consumption. Princeton: Princeton University Press, 1957.

[116] GAN J. Housing Wealth and Consumption Growth: Evidence from a Large Panel of Households. Review of Financial Studies, 2010, 23 (6): 2229 - 2267.

[117] GERTLER M, S GILCHRIST. External Constraints on Monetary Policy and the Financial Accelerator. Journal of Money Credit & Banking, 2007, 39 (2 - 3) : 295 - 330.

[118] GERTLER M, S GILCHRIST. Monetary Policy, Business Cycles, and the Behavior of Small Manufacturing Firms. Quarterly Journal of Economics, 1994, 109 (2) : 309 - 340.

[119] GERTLER M, N KIYOTAKI. Financial Intermediation and Credit Policy in Business Cycle Analysis. In Handbook of Monetary Economics, 2010, 3 (3): 547 - 599.

[120] GIROUARD N, M KENNEDY, C ANDRÉ. Has the Rise in Debt Made Households More Vulnerable? OECD Working Paper, 2006 No. 535.

[121] GREEN R K. Follow the Leader: How Changes in Residential and Non - residential Investment Predict Changes in GDP. Real Estate Economics, 1997, 25 (2): 253 - 270.

[122] GREENWALD B C, J E STIGLITZ. Financial Market Imperfections and Business Cycles. Quarterly Journal of Economics, 1993, 108 (1): 77 - 114.

[123] HALL R E. Stochastic Implications of the Life Cycle - Permanent

Income Hypothesis: Theory and Evidence. Journal of Political Economy, 1978, 86 (6): 971 - 987.

[124] HANNN L D, J WILLEM. The Signalling Content of Asset Prices for Inflation: Implications for Quantitative Easing. De Nederlandsche Bank Working Paper, 2016 (516).

[125] HUANG K X D, Z LIU. Inflation Targeting: What Inflation Rate to Target? Journal of Monetary Economics, 2005, 52 (8): 1435 - 1462.

[126] IACOVIELLO M. House Prices, Borrowing Constraints, and Monetary Policy in the Business Cycle. The American Economic Review, 2005, 95 (3): 739 - 764.

[127] IRELAND P. Interest Rates, Inflation, and Federal Reserve Policy since 1980. Journal of Money, Credit and Banking, 2000 (3): 417 - 434.

[128] JAMES H STOCK, MARK W, WATSON. Forecasting Output and Inflation: The Role of Asset Prices. NBER Working Paper, 2001 No. 8180.

[129] Journal of Monetary Economics, 2006, 53 (7): 1341 - 1359.

[130] KENT C, P LOWE. Asset Price Bubbles and Monetary Policy. Reserve Bank of Australia Research Discussion Paper, 1997 No. 9709.

[131] KIM K. Housing and the Korean Economy. Journal of Housing Economics, 2004, 13 (4): 321 - 341.

[132] KIYOTAKI N, J MOORE. Credit Cycles. Journal of Political Economy, 1997, 105 (2): 211 - 248.

[133] KONTNONIKAS A, A MONTAGNLI. Has Monetary Policy Reacted to Asset Price Movements: Evidence From The UK. Cyprus Economic Society and University of Cyprus, 2002, 7 (1): 18 - 33.

[134] LAM P S. Irreversibility and Consumer Durables Expenditures. Journal of Monetary Economics, 1989, 23 (1): 135 – 150.

[135] LATRAPES W D. The Real Price of Housing and Money Supply Shocks: Time Series Evidence and Theoretical Simulations. Journal of Housing Economics, 2002, 11 (1), 40 – 74.

[136] LI W, R YAO. The Life – Cycle Effects of House Price Changes. Journal of Money Credit & Banking, 2005, 39 (6): 1375 – 1409.

[137] LIND, H. Price bubbles in housing markets: Concept, theory and indicators. International Journal of Housing Markets & Analysis, 2009, 2 (1): 78 – 90.

[138] LIU H Y, W P YUN, S Q ZHENG. The Interaction Between Housing Investment and Economic Growth in China, International Real Estate Review, 2002, 5 (1): 40 – 60.

[139] MELTZE A H. Monetary, Credit and (other) Transmission Processes: A Monetarist Perspective. Journal of Economic Perspectives, 1995, 22 (9): 49 – 72.

[140] MILES W. Housing Investment and the U. S. Economy: How Have the Relationships Changed. The Journal of Real Estate Research, 2009, 31 (3): 329 – 350.

[141] MILGROM P, N STOKEY. Information, trade and common knowledge. Journal of Economic Theory, 1982, 26 (1): 17 – 27.

[142] NEGRO M D, C OTROK. Monetary Policy and the House Price Boom across U. S. States. FRB of Atlanta Working Paper, 2005 No. 24.

[143] NICHOLS J, J CONTRERAS. Consumption Responses to Permanent and Transitory Shocks to House Appreciation. Working Paper Series,

Congressional Budget Office, Washington, D. C. , 2009.

[144] OLICERO M P. Market Power in Banking, Countercyclical Margins and the International Transmission of Business Cycles. Journal of International Economics, 2010, 80 (2) : 292 - 301.

[145] PIAZZESI M, M SCHNEIDER. Inflation Illusion, Credit, and Asset Pricing. Nber Working Papers, 2007, 49 (10 - 11) : 915 - 925.

[146] PIGOU A C. Employment and Equilibrium. London: Macmillan, 1941.

[147] POTERBA J M. Stock Market Wealth and Consumption. The Journal of Economic Perspectives, 2000, 14 (2): 99 - 118.

[148] POTERBA J, D WEIL, R SHILLER. Housing Pricing Dynamics: The Role of Tax Policy and Demography. Broookings Papers on Economic Activity, 1991 (2): 143 - 203.

[149] Prices. American Economic Review, 2001, (5): 253 - 259.

[150] REINHART C, V REINHART. After the Fall. NBER, Working Paper, Forthcoming in Federal Reserve Bank of Kansas City Economic Policy Symposium, Macroeconomic Challenges: The Decade Ahead at Jackson Hole, Wyoming, 2010 No. 16344.

[151] SIDRAUSKI M. Rational Choice and Patterns of Growth in a Monetary Economy. The American Economic Review, 1967 (2): 534 - 544.

[152] SKINNER J S. Is housing wealth a sideshow? //Advances in the Economics of Aging. Chicago: University of Chicago Press, 1996: 241 - 272.

[153] SOUSA R M. Financial Wealth, Housing Wealth, and Consumption. International Research Journal of Finance & Economics, 2008 (19): 167 - 191.

[154] SOUSA R M. Wealth Effetcs on Consumption: Evidence from the Euro Area. NIPE Working Papers, 2009 No. 1050.

[155] STIGLITZ J E. Symposium on bubbles. The Journal of Economic Perspectives, 1990, 4 (2): 13 –18.

[156] The Liquidity Effect and Long – run Neutrality. NBER Working Paper, 1998 No. 6608.

[157] Theory and Evidence. Journal of Political Economy, 1978, 86 (6): 971 –987.

[158] TIROLE J. Asset Bubbles and Overlapping Generations. Econometrica, 1985, 53 (6): 1499 –1528.

[159] TIROLE J. On the Possibility of Speculation under Rational Expectations. Econometrica, 1982, 50 (5): 1163 –1181.

[160] TKACZ G, C WILKINS. Linear and Threshold Forecasts of Output and Inflation with Stock and Housing Prices. Bank of Canada Working Paper, 2006, 25 (7): 237 –245.

[161] UHLIG, H. A Toolkit for Analyzing Nonlinear Dynamic Stochastic Models Easily//MARMON, R, A SCOTT. Computational Methods for the Study of Dynamic Economies. Oxford University Press, 1999: 30 –61.

[162] UHLIG H. A Toolkit for Analyzing Nonlinear Dynamic Stochastic Models Easily//MARIMON, R, A SCOTT. Computational Methods for the Study of Dynamic Economies. Oxford University Press, 1999: 30 –61.

[163] ZELDES S P. Consumption and Liquidity Constraints: An Empirical Investigation. Journal of Political Economy, 1989, 97 (2): 305 –346.

[164] ZHANG, W. China's Monetary Policy: Quantity versus Price Rules. Journal of Macroeconomics, 2009, (3): 473 – 484.